GESTALTEN MIT
METALL

Formen, Schmieden, Schweißen, Löten

José Antonio Ares

GESTALTEN MIT
METALL

Techniken und Projekte zum Gestalten mit Metall

Haupt Verlag
Bern • Stuttgart • Wien

Die spanische Originalausgabe erschien
2004 unter dem Titel *El Metal* bei Parramón
Ediciones S.A., Barcelona, Spanien

Texte, Beispiele und Projekte
José Antonio Ares

Fotografien
Nos & Soto, Ares, AISA, J. M. Barres,
Enric Rosàs, Museu Cau Ferrat y Resources,
Computing International, Ltd.

Aus dem Spanischen übersetzt von
Norma Kessler, D-Aschaffenburg
Andrea Kreiner-Wegener
Redaktion der deutschen Ausgabe:
Fabia Denninger, D-Frankfurt/Main
Satz und Korrektorat der deutschen Ausgabe:
Thomas Heider, D-Bergisch Gladbach

Bibliografische Information der
Deutschen Bibliothek
   Die Deutsche Bibliothek verzeichnet
   diese Publikation in der Deutschen
   Nationalbibliografie; detaillierte biblio-
   grafische Angaben sind im Internet über
   http://dnb.ddb.de abrufbar.
   ISBN 3-258-06910-7

Haben Sie Anregungen für unser Pro-
gramm? Möchten Sie uns zu einem Buch
ein Feedback geben? Wünschen Sie regel-
mäßig Informationen über unsere neuen
Kunsthandwerk-Titel? Dann besuchen Sie
uns im Internet auf **www.haupt.ch**. Dort
finden Sie aktuelle Informationen zu unseren Neuerscheinungen und können
unseren Newsletter abonnieren.

Inh

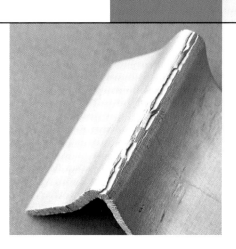

alt

Einführung

äufig lassen uns die Form eines Objekts und das Material, aus dem es hergestellt ist, an ein schwieriges oder zumindest kompliziertes Herstellungsverfahren denken. Das vorliegende Buch zeigt aber, dass die Arbeit mit Metallen einfacher sein kann, als es auf den ersten Blick erscheint.

Klar, unterhaltsam und präzise erklärt es die Grundtechniken, mit denen handelsübliche Metallprodukte direkt bearbeitet werden können. Eisen, Kupfer, Messing oder rostfreier Stahl sind überall erhältlich und somit leicht von jedermann zu erwerben. Diese Metalle werden von der Industrie verwendet und gelangen in vielerlei Formen in den Handel.

Im Besonderen geht es in diesem Buch um die mechanische Bearbeitung von Metallen, das heißt um die Grundtechniken des Umformens, die Bearbeitungstechniken und die Verfahren des Schweißens und Lötens zur Herstellung einer dauerhaften Verbindung zwischen Metallen. Ein eigener Abschnitt ist dem Schmieden gewidmet, einer Grundtechnik, die eine Vielzahl von Gestaltungsmöglichkeiten bietet, sodass sie eigentlich ein eigenes Buch verdient hätte. Ausgespart wird dagegen die Technik des Metallgießens, da bei diesem interessanten Verfahren nicht direkt Hand an das Metall gelegt wird, sondern das flüssige Material in eine Form gegossen wird.

Die Umsetzung der beschriebenen Techniken wird in Projekten zum Nacharbeiten veranschaulicht, die Schritt für Schritt erklärt werden.

Weitere Kapitel gehen auf alle notwendigen Werkzeuge, Geräte und Maschinen ein, wie auch auf die verschiedenen Arten der Oberflächenbearbeitung der Metalle. Grundlegende Themen wie die Verhüttung von Metallen und Legierungen, ihre physikalischen und mechanischen Eigenschaften und die Verarbeitung zu den handelsüblichen Metallprodukten werden ebenso behandelt wie die geschichtliche Bedeutung der Metalle für die verschiedenen Zivilisationen und für den Fortschritt der Menschheit allgemein.

José Antonio Ares i Río (*Golfer de Villar*, 1968) studierte Kunst mit Schwerpunkt Bildhauerei an der *Universitat de Barcelona*. Er besuchte Gravierkurse an der *Escola d'Arts i Oficis der Diputació Provincial de Barcelona* und Ziselierkurse an der *Escola Massana*, ebenfalls in Barcelona. Seit 1997 verbindet er seine Bildhauerei mit der Lehre der Bildhauertechniken als Werkstattmeister an der Fakultät der Schönen Künste der *Universitat de Barcelona*. Im Jahre 2003 erlebte er während der Arbeit an diesem Buch überglücklich die Geburt seiner Tochter *Ia*.

Die Metallzeitalter

Das Wissen um die Techniken, mit denen man Erze bearbeitet und sie in Metalle umwandelt, ist im Vergleich zum Alter der Menschheit relativ jung. Von der Verwendung einfacher Materialien wie Steine, Stöcke oder Knochen, die als tägliche Gebrauchsgegenstände dienten, bis zum Auftreten der ersten metallischen Utensilien, für deren Herstellung technologische Kenntnisse erforderlich waren, vergingen Tausende von Jahren.

In der ersten Hälfte des 19. Jahrhunderts erarbeitete der dänische Archäologe C. J. Thomsen eine Zeittafel, mit deren Hilfe die von den Archäologen an den Lagerstätten gefundenen Materialien in drei Zeitperioden eingeteilt werden. Die Materialien werden seither gemäß ihrer Herkunft klassifiziert als Funde aus der Steinzeit, an deren Ende der Gebrauch von Gold und Kupfer auftritt, aus der Bronzezeit und aus der Eisenzeit.

Diese Unterteilungen sind chronologisch nicht exakt. Es ist zum Beispiel bekannt, dass China fast zeitgleich mit Großbritannien von der Steinzeit in die Bronzezeit überging, in Japan Bronze- und Eisenzeit aber gleichzeitig auftraten. In Amerika setzte die Metallverarbeitung zur Herstellung von Gegenständen erst mit Ankunft der Spanier ein, mit Ausnahme der Bearbeitung von Gold, bei der es einige Kulturen zu wahrer Meisterschaft brachten.

Frühe Metallurgie

Schon in frühen Zivilisationen kam der Gestaltung und der Verzierung von Gegenständen eine besondere Bedeutung zu, die dann innerhalb einer sozialen Gruppe den Charakter von Statussymbolen annahmen. Die Ornamente bestanden aus Steinen und Mineralien, die sich aufgrund ihrer auffälligen Farben von anderen abhoben. So wurden Jett, Pyrit, Jaspis, Obsidian oder Bernstein zur Herstellung von Waffen oder Schmuck verwendet, die von einer bestimmten Stellung innerhalb der Gruppe zeugten und ihren Besitzern Ansehen verliehen.

Die frühen Zivilisationen verwendeten jedoch nicht nur diese auffälligen Steine. Sie kannten auch Mineralien, von denen einige als Rohstoffe zur Gewinnung von Metallen dienten.

Die Menschen lernten, sie zu bestimmen, ausfindig zu machen, abzubauen und zu bearbeiten, um zum Beispiel verschiedene Farbpigmente zu erzeugen. Ebenso lernten sie, dass Feuer die Farbe einiger Steine variieren lässt und bei ausreichend starker Hitze sich sogar ihre äußere Form verändern kann.

◄ In der Natur ist es nicht nur möglich, kleine Goldkörnchen zu finden, sondern auch verschiedene andere gediegene Metalle, das heißt Metalle in Reinform. Im Allgemeinen sind dies Edelmetalle und Halbedelmetalle wie Silber, Platin und auch Kupfer. Abgebildet ist hier ein Kupferfund aus dem Bergwerk Calcedonia (Ontoganon, USA).

◄ Eisen, wie hier abgebildet, und einzelne andere Metalle gibt es im so genannten gediegenen Zustand. Dieser Brocken stammt von einem in Australien gefundenen Meteoriten.

Gediegene Metalle

Die ersten Metalle, die in der Frühzeit zur Herstellung von Objekten verwendet wurden, sind die so genannten gediegenen Metalle, die in der Natur im Reinform vorkommen und nicht mit anderen Elementen verbunden sind. Gold, Kupfer und Silber waren und sind die Häufigsten und Begehrtesten, später kam das Meteoriteneisen hinzu.

Das starke Interesse der frühen Gesellschaften an diesen Metallen ist offenkundig. Ihre glänzenden Farben weckten die Neugierde der Menschen. Außerdem konnten sie durch Kalthämmern mit Steinen auf Steinambossen in ihrer Form verändert werden, um so kleine Schmuckgegenstände daraus zu fertigen.

Das gediegene Kupfer ist das erste Metall, das bearbeitet wurde, wie die in Tepe Sialk (Iran) und in Coyönü Tapesi (Türkei) gefundenen Gegenstände aus dem 8. und 7. Jahrtausend v. Chr. belegen. Dieses Metall wurde gleichermaßen für praktische und ornamentale Zwecke verwendet.

Gold diente der Dekoration und wurde zu Ornamenten verarbeitet. Seine Schmiedbarkeit gestattete die Herstellung von feinen Blättern, für die Goldkörnchen, die im Sand des Flussbetts goldhaltiger Flüsse gefunden wurden, gehämmert werden mussten.

Chalkolithikum

Die Periode des Chalkolithikums, auch »Kupferzeit« genannt, umfasst das 4. und 3. Jahrtausend v. Chr. und liegt am Ende der Steinzeit. Das Wort *Chalkolithikum* kommt aus dem Griechischen, *chalko* bedeutet »Kupfer«, *lithikum* bedeutet »Stein«.

Diese Epoche wird als Beginn der Metallurgie betrachtet. Parallel zum Suchen und Bearbeiten von Metallen im gediegenen Zustand bauten einige Kulturen dieser Zeit Kupfererz in Bergwerken ab, wie in dem Bergwerk von Timna, nahe dem Toten Meer. Sie schmolzen es, um so das Metall daraus zu gewinnen, womit sie ein erstes metallurgisches Verfahren entwickelt hatten.

Das nun flüssige Kupfer ließ sich in verschiedene Formen gießen, um Gebrauchsgegenstände wie Beile, Pfeilspitzen oder Hacken daraus herzustellen. Diese Geräte waren für den Fortschritt der Zivilisation sehr wichtig; sie entstanden zu einem Zeitpunkt, als man begann, Ackerbau zu betreiben und die Jagd durch die Domestikation der Tiere zu ersetzen.

▼ Die ersten Metallproduktionsstätten für Kupfer, Bronze und Eisen im Nahen Osten und in Europa.

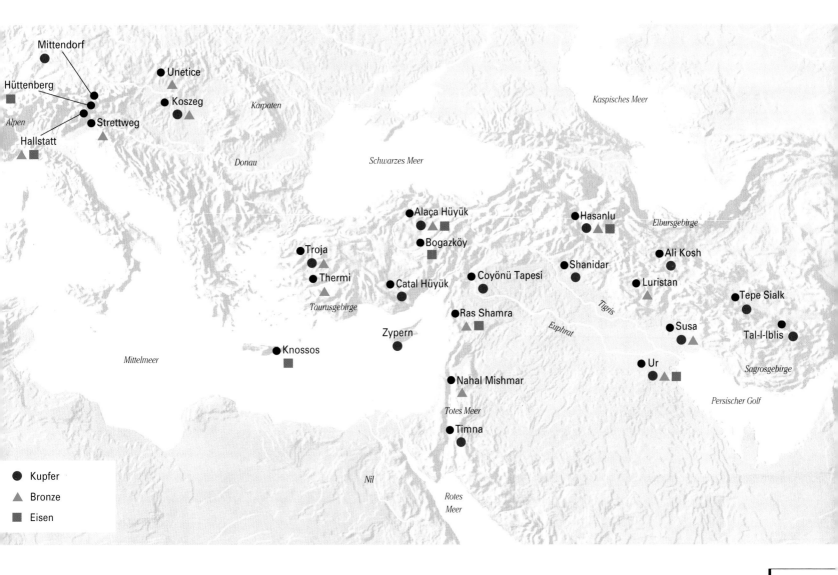

Bronzezeit

Auf das Chalkolithikum folgte die Bronzezeit. Diese Epoche erhielt ihren Namen aufgrund der Verwendung der Legierung aus Kupfer und Zinn zur Herstellung von Werkzeugen. Die ersten Bronzelegierungen wurden nicht von Menschenhand gefertigt, sondern traten in der Natur auf, so wie es auch Kupfer mit

▼ Relief aus einem Grab in Sakkara aus dem Alten Reich (Ägypten, um 2330 v. Chr.). Die Szene stellt in der oberen Reihe das Gießen von Metall und unten das Schmieden dar.

Arsen gibt, das im Nahen Osten sehr häufig vorkommt.

Die Entdeckung der Bronze als eine Legierung aus Kupfer und Zinn führte zur Fertigung von Geräten von ausgezeichneter Güte. Dieses neue Metall war härter und weniger brüchig als das mit Arsen legierte Kupfer und daher auch viel haltbarer.

Besonders Werkzeuge aus Bronze waren wegen ihrer Widerstandsfähigkeit deutlich besser. Das Material ließ sich leicht schmelzen und formen, sodass die Herstellung von vielen Alltagsgegenständen, etwa von Bechern, Kesseln und Behältnissen aller Art, auch für

den religiösen Gebrauch, mithilfe von Formen möglich wurde. Eine weitere Besonderheit war, dass sich Werkzeuge wie Beile, Messer oder Meißel aus Bronze nun schärfen ließen.

Die bronzenen Werkzeuge revolutionierten ganze Gewerbe. Für die Tischlerei etwa wurde die Herstellung von Dechseln, Hämmern und Meißeln leichter, für die Landwirtschaft wurden Hacken und Sicheln gefertigt.

Außerdem begünstigte die Suche nach Zinnvorkommen für die Bronzeherstellung die Erforschung der entsprechenden Landschaftsgebiete sowie die Schifffahrt und somit auch die Entstehung neuer Handelswege.

Metallurgische Verfahren im Altertum

Dort, wo die Metallurgie ihren Anfang nahm, entwickelten sich Techniken, denen das gleiche Prinzip zugrunde liegt, die aber dennoch Unterschiede aufweisen. Die ersten in der Steinzeit angefertigten Metallarbeiten wurden tatsächlich mit Steinen bearbeitet. Bei diesen Arbeiten ging es vor allem darum, durch Hämmern zu verformen, auch zu biegen und sogar zu schneiden. Aufgrund der Materialknappheit hatten diese ersten Arbeiten aber nur eine geringe Auswirkung auf die Entwicklung der Gesellschaften. Die gefertigten Objekte dienten vor allem als Schmuck, hatten darüber hinaus aber kaum eine Funktion und machten sich einfach den Glanz und die Formbarkeit des Materials zunutze. Trotz dieser bescheidenen Produktion kann man dennoch sagen, dass diese Arbeiten den Beginn der Metallurgie markieren.

Es sollten noch Tausende von Jahren vergehen, bevor Menschen in der Lage waren, Erze, die Kupfer enthielten, zu bestimmen und, nachdem sie sie ausfindig gemacht hatten, das Erz vom tauben Gestein zu trennen. Dies geschieht, indem das Metall auf mechanischem Wege und durch Hitze vom Rest getrennt wird, was »Reduktion« genannt wird. Relikte, die diese Tätigkeit belegen, wurden im Iran gefunden und etwa auf das 4. Jahrtausend v. Chr. datiert. Es gibt auch Fachleute, nach deren Auffassung man bereits zuvor, zwischen dem 5. und 4. Jahrtausend v. Chr., in Mesopotamien in der Lage war, Kupfer zu schmelzen und in Formen zu gießen, was einen technischen Meilenstein darstellen würde, da dieses Metall eine Schmelztemperatur von 1083 °C aufweist.

Zwischen dem 4. und 2. Jahrtausend v. Chr. kannten praktisch alle Kulturen den Metallguss sowie Legierungen: zunächst diejenige aus Kupfer mit Arsen, das in Wirklichkeit eine Verunreinigung darstellt, aber das Kupfer härter macht; später kam man auf die Legierung aus Kupfer und Zinn. Außerdem wurde die Technik des Schmelzverfahrens und damit die Herstellung von Gussformen entwickelt. Ebenso lernte man den Schüttvorgang und das Verhalten des geschmolzenen Metalls darin zu beherrschen. Archäologische Funde belegen, dass der Einsatz der metallischen Werkzeuge die Entwicklung und Herstellung jeder Art von metallischen Gegenständen, wie etwa Waffen, Schmuck, Werkzeug und Haushaltsgegenständen, stark vorangetrieben hat. Etwa um 2000 v. Chr., in der in Westeuropa als »Altbronzezeit« bezeichneten Epoche,

konnten Metallhandwerker komplexe Hämmerarbeiten aus Metallblech und Metalldraht ausführen und Techniken wie Tiefziehen, Vernieten, Einlegen und Einfassen einsetzen. Damit fassten sie getriebene Arbeiten – die wohl älteste Technik des Gestaltens – sowie Gravier- und Schneidearbeiten ein. Man kann daraus schließen, dass sie über Werkzeuge zum Schlagen, Einspannen, Messen und Schneiden verfügt haben müssen, die sich in ihrer Form wohl nicht so sehr von den heutigen unterschieden. Seit der mittleren Bronzezeit kannte man bereits die ersten Löttechniken mit Legierungen, also das Weichlöten.

Hervorzuheben sind auch Arbeiten aus den Edelmetallen Gold und Silber, auch wenn sie nicht Gegenstand dieses Buches sind. Bei ihrer Bearbeitung werden ähnliche Techniken und Werkzeuge eingesetzt. Bekannt sind Gold- und Silberobjekte sowie Schmuckstücke vie-

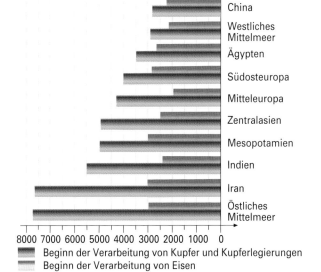

8000 7000 6000 5000 4000 3000 2000 1000 0

▬ Beginn der Verarbeitung von Kupfer und Kupferlegierungen
▬ Beginn der Verarbeitung von Eisen

▲ Chronologie des Beginns der Metallurgie in den verschiedenen Teilen der Welt.

ler Zivilisationen, vor allem aus Mittel- und Südamerika, da die Materialien großartig bearbeitet und fantasievoll gestaltet sind. Erwähnung verdienen auch die ägyptischen in Gold getriebenen Arbeiten wie Totenmasken und Kultobjekte.

In der Eisenzeit begann der unaufhaltsame Aufstieg der Metallverarbeitung. Eisen, das am häufigsten vorkommende und abgebaute Metall, benötigt zum Schmelzen eine Temperatur von 1530 °C. Für die Menschen bedeutete dies, dass sie ihre Schmelzöfen für das Erz erst perfektionieren mussten. Zwischen 2000 und 500 v. Chr. konnten alle Zivilisationen der Alten Welt, mit Ausnahme des tropischen und äquatorialen Afrika, Eisen bearbeiten. Auf dem amerikanischen Kontinent führten wohl als Erste die Spanier, möglicherweise auch bereits die Wikinger, das Verfahren der Eisenbearbeitung ein.

Trotz der weit verbreiteten und hoch entwickelten Herstellung von Eisenobjekten in den großen Zivilisationen der Welt sollten noch Jahrhunderte vergehen, ehe die Raffination des Metalls möglich wurde, um Stahl zu produzieren – dies geschah erst in kleinen Mengen, im 19. Jahrhundert setzte schließlich die Massenproduktion ein.

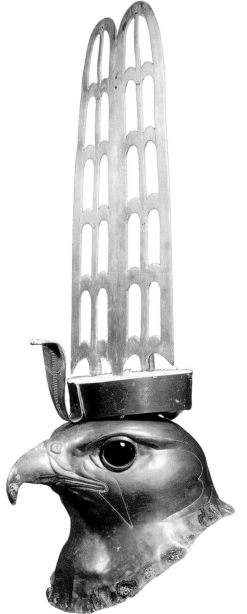

◀ Dieser Kopf des Horus, des Falkengottes der Ägypter, zeugt von der Meisterschaft dieses Volkes in der Bearbeitung von getriebenem Metall, in diesem Falle Gold. Der Kopf wurde aus einer einzigen Goldplatte gefertigt, die durch Hämmern und Ziehen ohne Löten bis in die kleinsten Details gearbeitet wurde.

Eisenzeit

Die Eisenzeit beginnt etwa im 2. Jahrtausend v. Chr. Die Ersten, die Eisen verwendeten, waren die Hethiter, ein Volk im Gebiet Anatoliens. Nach ihnen sollte Jahrhunderte später die gesamte Welt des Altertums in diese Epoche eintreten. Die technischen Herausforderungen bei der Wandlung der Eisenerze in Eisen verzögerten seinen Gebrauch. Im Vergleich dazu konnten andere Metalle bereits seit 5000 Jahren verarbeitet werden.

Kupfer zum Beispiel lässt sich in einem primitiven Ofen mit Blasebalg oder Gebläse, der Temperaturen von bis zu 1100 °C erreicht, schmelzen. Im Gegensatz dazu benötigt man für das Schmelzen von Eisen je nach Legierung Temperaturen von über 1530 °C, wozu die Entwicklung komplizierterer Öfen erforderlich war.

Ein weiterer Unterschied besteht darin, dass Kupfer oder Bronze aufgrund ihrer Geschmeidigkeit bei Umgebungstemperatur sogar mit Steinwerkzeugen kalt bearbeitet werden können. Eisen hingegen ist sehr zäh und benötigt Rotgluthitze, um geschmiedet werden zu können. Deshalb mussten die Metallarbeiter damals Klemmen oder Zangen entwickeln, die die Bearbeitung des glühenden Metalls gestatteten, ebenso wie widerstandsfähigere Ambosse – wahrhaft innovative Techniken.

Eisenerz findet sich häufig an der Oberfläche der Erdkruste. Diese Tatsache und die ausgedehnten Wälder, in denen die für die Bearbeitung des Eisenerzes erforderliche Holzkohle hergestellt wurde, begünstigten die Verbreitung der Eisenhüttenkunde im Nahen Osten und im Mittelmeerraum.

Das Wissen um die Verhüttung von Eisen gelangte im 8. Jahrhundert v. Chr. durch die Griechen bald von den Pionierregionen des Nahen Ostens, Zypern und der Ägäis nach Sizilien und Italien sowie durch die Handelstätigkeit der Phönizier in den Mittelmeerraum.

Im Allgemeinen hat Eisen große Vorteile gegenüber anderen Metallen wie Bronze oder Kupfer. Das für Eisen benötigte Erz ist weitaus häufiger und leichter zu finden. Die Werkzeuge des täglichen Gebrauchs und die Waffen sind haltbarer als solche aus Kupfer oder Bronze, die beim Aufeinanderstoßen zerbersten. Aus Eisen fertigte man eine Vielzahl von Gegenständen und Werkzeugen für die Landwirtschaft, wie Pflugscharen, Geschirre für Wagen, Sensen und Sicheln. Es wurden auch Schwerter, Lanzenspitzen, Schilde, Zaumzeug für Pferde und widerstandsfähige Helme hergestellt. Die Kenntnisse in der Verhüttung von Eisen trugen in hohem Maß zur Entwicklung und sozioökonomischen Ausdehnung der Zivilisationen des Altertums bei.

▲ Die Ägypter verwendeten Eisen nicht nur zur Herstellung von Waffen, sondern auch von Werkzeugen, wie diese Hacke zeigt.

◄ Die Völker Mesopotamiens zeichneten sich durch ihre Kenntnisse in der Metallbearbeitung aus. Bronzetüren des Palastes von Salmanassar II in Balawat, zwischen 858 und 824 v. Chr., Britisches Museum (London, Großbritannien).

▲ Iberische Schwerter aus Eisen, die in Almedinilla (Córdoba, Spanien) gefunden wurden. Für diese Schwerter mit breiter Klinge und Krümmung wurden drei Eisenblätter im Warmschweißverfahren verbunden; das längere mittlere Blatt bildet den Griff, typischerweise in Form eines Tieres, in diesem Fall eines Pferdes, das außerdem noch die Hand schützte. Die Schwerter wurden zwischen dem 5. und 1. Jahrhundert v. Chr. hergestellt. Kenntnisse über die Verhüttung von Eisen gelangten jedoch bereits etwa im 8. bis 7. Jahrhundert v. Chr. mit den Phöniziern auf die Iberische Halbinsel. Archäologisches Nationalmuseum (Madrid, Spanien).

▲ Griechischer Becher mit einer Szene, die den Abstich des Metalls an einem primitiven Schmelzofen darstellt.

▶ Dieses Eisenornament aus dem 7. bis 4. Jahrhundert v. Chr. war Teil eines Streitwagens der Skythen, die die Steppen am Nordufer des Schwarzen Meeres bewohnten. Es veranschaulicht die großen Fertigkeiten dieses Volkes in der Metallbearbeitung. Fundstätte: Altai (Russland).

*D*ie Metallurgie umfasst sämtliche Verfahren und Techniken der Metallgewinnung sowie der Umformung und Bearbeitung von Metall. Die folgenden Seiten geben einen Überblick über den physikalischen Bereich der Metallurgie, jenes Zweigs der Naturwissenschaft, der sich mit den physikalischen und mechanischen Eigenschaften der Metalle und Legierungen, insbesondere mit den in diesem Buch angesprochenen Rohstoffen und Arbeitsmitteln, befasst. Allgemein gebräuchliche Begriffe aus dem Bereich der Metallarbeit werden eingeführt und erläutert. Ebenso geht es um die Eigenschaften und Besonderheiten der Metalle und Legierungen. Die Herstellung von handelsüblichen Profilen wird ausgehend vom jeweiligen Rohstoff erklärt. Ein kurzer Abschnitt widmet sich auch der Oxidation und Korrosion, da diese Prozesse in der Metallurgie von Bedeutung sind, auch wenn sie streng genommen nicht physikalischer, sondern chemischer Natur sind. Das Kapitel eignet sich auch, um Wissenswertes darin nachzulesen oder einzelne Begriffe nachzuschlagen.

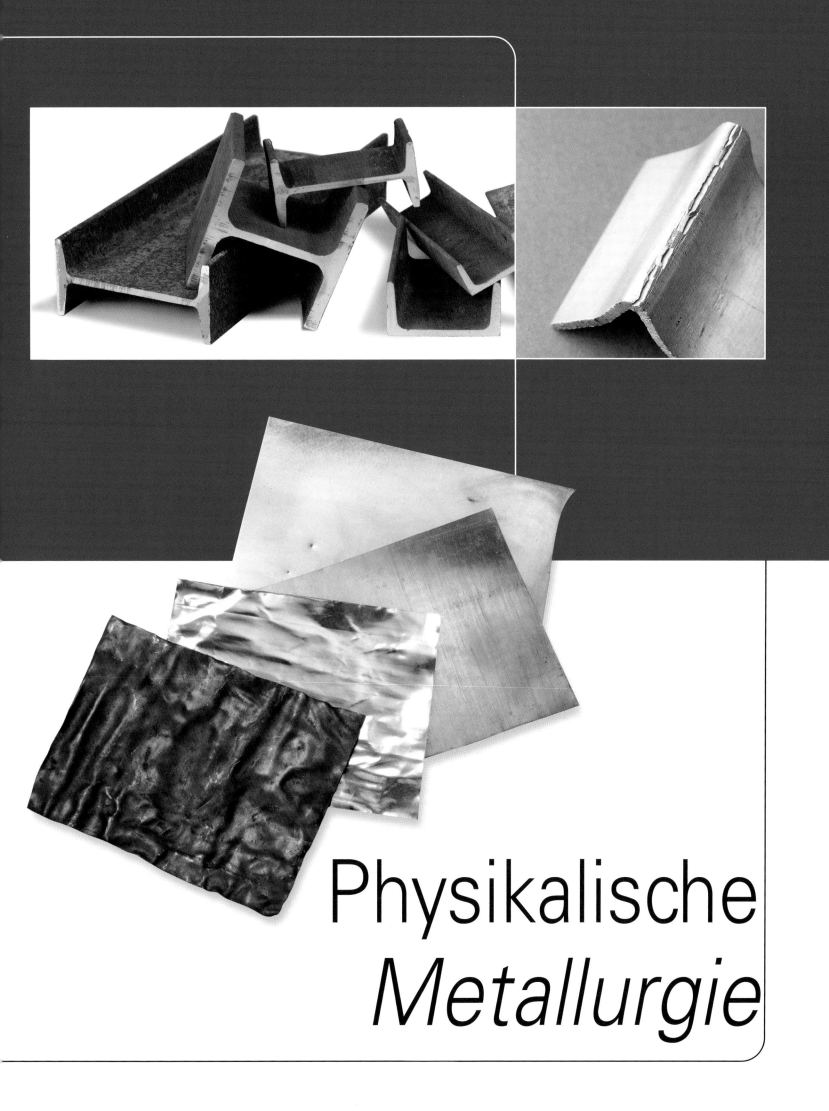

Physikalische Metallurgie

Metalle und Legierungen

Metalle sind zunächst einmal Elemente mit der Tendenz, Elektronen abzugeben. Sie bilden eine kristalline Struktur, entweder in Form eines Kubus oder eines Hexagons, in deren geometrischen Formen die Atome und Ionen bzw. Moleküle, aus denen sie bestehen, angeordnet sind. Ihre Oberfläche weist im polierten Zustand einen charakteristischen Glanz auf. Die meisten Metalle sind grau oder gräulich und weiß, mit Ausnahme von Kupfer, das einen besonderen Rotton besitzt, und Gold, das gelb ist. Bei Raumtemperatur sind alle Metalle fest, nur Quecksilber ist flüssig. Sie sind gute Strom- und Wärmeleiter und besitzen im Allgemeinen zwei der wichtigsten Eigenschaften eines Materials, das bearbeitet werden soll: Sie sind geschmeidig und duktil (dehnbar), denn ihre Form kann man verändern, ohne sie zu brechen.

Um die anderen Eigenschaften der Metalle wie Zähigkeit und Härte zu verbessern, werden sie zu **Legierungen** kombiniert. Diese können sich aus zwei Komponenten zusammensetzen, so zum Beispiel unlegierter Stahl, der aus Stahl und Kohlenstoff besteht. Es gibt aber auch Legierungen mit bis zu sieben Komponenten, wie einige Schnellstähle, die u. a. Eisen, Kobalt und Wolfram enthalten.

Legierungen sind opak, haben einen metallischen Glanz und sind gute Strom- und Wärmeleiter. Meist sind sie härter als ihre einzelnen metallischen Bestandteile, aber auch weniger duktil und geschmeidig. Legierungen sind leichter schmelzbar als das am schlechtesten schmelzbare Einzelmetall.

Man unterscheidet zwei Gruppen von Metallen: die Eisenmetalle und die Nichteisenmetalle.

Eisenmetalle bestehen, wie auch ihr Name schon sagt, aus Eisen, so zum Beispiel unlegierte Stähle (Eisen und Kohlenstoff), rostfreie Stähle bzw. Edelstähle (Eisen, Chrom, Nickel, Mangan und Silizium), Grauguss (Eisen, Kohlenstoff und Silizium) und weißes Gusseisen (Eisen, Kohlenstoff und Mangan).

Die **Nichteisenmetalle** umfassen die übrigen nichteisenhaltigen Metalle und Legierungen, zum Beispiel Kupfer, Messing, Bronze, Aluminium und Zink.

▶ Zwei Metalllegierungen: Grauguss aus Eisen, Kohlenstoff und Silizium; Bronze aus Kupfer, Zinn und Zink.

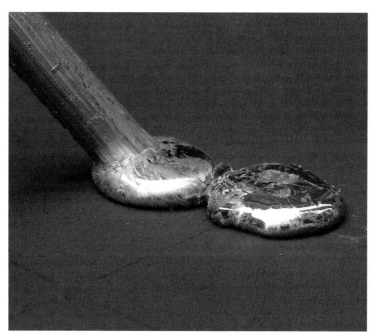

◀ Der Schmelzpunkt einer Legierung liegt stets unter dem der jeweiligen Einzelmetalle dieser Legierung. Diese Eigenschaft wird auch für das Weichlöten genutzt, dessen Lot meist aus einer Legierung aus Zinn und Blei zu je 50 % besteht, die leicht mit einem elektrischen oder gasbetriebenen Lötkolben schmelzbar ist.

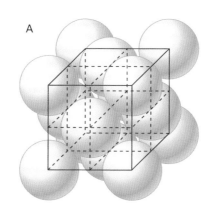
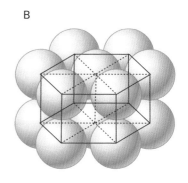

A   B

▶ Gitteraufbau der Metalle: (A) Kubus – typisch für Eisen, Kupfer oder Aluminium, (B) Hexagon – typisch für Zink oder Kobalt.

Unter **Korrosion** versteht man den spontanen Übergang eines Metalls von der ungebundenen Elementarform in einen Zustand, in dem das freie Elektronenpaar durch einen Oxidationsprozess gebunden ist. Das Metall reagiert auf Umwelteinflüsse und neigt dazu, andere Elemente an sich zu binden, um einen chemisch stabilen Zustand zu erlangen.

Bei der **Oxidation** verbinden sich Metalle mit dem Sauerstoff aus der Luft, sie rosten. Durch diesen Prozess bildet sich eine feine Oxidschicht auf der Oberfläche, die das Eindringen von weiterem Sauerstoff verhindert und so zu einer Schutzschicht wird. Auf Aluminium entsteht zum Beispiel eine sehr kompakte Oxidschicht, die das Metall auf Dauer vor Korrosion schützt.

Korrosion entsteht in feuchter Umgebung und stellt einen elektrochemischen Prozess dar. Damit es spontan zur Korrosion kommt, müssen drei Voraussetzungen gegeben sein:

Es müssen eine **Anode**, eine **Kathode** und das **Elektrolyt** vorhanden sein, die zusammen eine **galvanische Zelle** bilden.

Das Elektrolyt ist eine wässrige, leitfähige Lösung, wie etwa Meerwasser. In diesem Medium stößt die Anode die positiven Ionen ab, während die Kathode sie anzieht und ein Elektronenaustausch zwischen der Anode und der Kathode stattfindet. Die Korrosion findet in den anodischen Bereichen statt, die kathodischen bleiben unverändert.

Anodische Metalle korrodieren bei Kontakt mit kathodischen Metallen. Dies ist bei verzinktem Stahl der Fall; hierbei handelt es sich um unlegierten Stahl mit einer feinen Zinkschicht. Zink hat eine höhere negative Ladung als der Stahl und korrodiert zu einer Schutzschicht. Beim Weißblech hingegen, bei dem es sich um unlegierten Stahl mit einer feinen Zinnschicht handelt, korrodiert der Stahl, da seine negative Ladung höher ist als die des Zinns.

▲ Um manche Metallteile bei Schiffen vor Salzwasserkorrosion zu schützen, setzt man Opferanoden ein. Sie bestehen aus Metallen mit einer höheren negativen Ladung als das Metall, das geschützt werden soll, damit die Korrosion innerhalb der galvanischen Zelle an dem anodischen Metall stattfindet.

◄ Die Auswirkung einer galvanischen Zelle: Das Eisen des Griffes ist stark korrodiert, während das Kupfer praktisch unverändert geblieben ist.

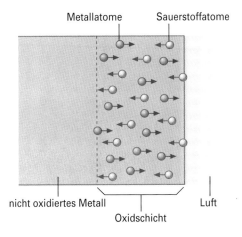

Metallatome · Sauerstoffatome

nicht oxidiertes Metall · Oxidschicht · Luft

▲ Elektronenaustausch bei der Oxidation von Metallen.

ÜBERBLICK ÜBER DIE ELEKTRISCHE LADUNG EINIGER ELEMENTE

Je größer die Differenz dieser Werte ist, desto stärker die Korrosion, wobei stets das stärker negativ geladene Metall korrodiert.

ELEMENT	NEGATIVES POTENZIAL
Mg (Magnesium)	-2,37 V
Al (Aluminium)	-1,66 V
Zn (Zink)	-0,763 V
Fe (Eisen)	-0,44 V
Cd (Kadmium)	-0,403 V
Ni (Nickel)	-0,25 V
Sn (Zinn)	-0,136 V
Pb (Blei)	-0,126 V
H (Wasserstoff)	0,000 V
Cu (Kupfer)	+0,337 V
O_2 (Sauerstoffmolekül)	+0,401 V
Ag (Silber)	+0,799 V
Au (Gold)	+1,5 V

Eigenschaften der Metalle

Metalle besitzen eine Reihe von mechanischen und physikalischen Eigenschaften, die jeweils typisch für sie sind.

Die **physikalischen Eigenschaften** beziehen sich auf das Verhalten des Metalls in Situationen, bei denen eine Veränderung der inneren Struktur stattfindet.

Metall, das erwärmt oder abgekühlt wird, verändert sich in der Größe, **es dehnt sich aus** oder **zieht sich zusammen**.

Metall ist **schmelzbar**, das heißt, dass es ab einer bestimmten Temperatur wegen der absorbierten Wärme flüssig wird.

Metall **leitet Wärme und Elektrizität** durch seine Moleküle.

Man kann es **schweißen**, da Metalle sich durch Verschmelzung miteinander verbinden.

Es lässt sich **schmieden**, denn im warmen Zustand ist es durch Hämmern oder Prägen formbar.

Die **mechanischen Eigenschaften** bestimmen die Reaktion der Metalle bei Beanspruchung und Belastung, die zu einer Formveränderung führen können. So ist Metall zum Beispiel

– **geschmeidig**, denn die Form des Metalls kann verändert werden, ohne Risse zu erhalten. Auf diese Weise lassen sich Metallfolien und Profile aller Art herstellen;

– **duktil**, denn Metall kann zu Drähten gezogen werden, ohne zu reißen;

– **zäh**, da Metall unter Zugbelastung sehr bruchsicher ist;

– **elastisch**, da Metall sich unter äußerer Krafteinwirkung verformen kann und beim Nachlassen der Kraft in seine ursprüngliche Form zurückzukehren kann;

– **biegsam**, denn Metall kann gebogen oder abgekantet werden, ohne zu brechen;

– **schlagfest**, denn Metall bricht unter Schlägen oder Stößen kaum;

– **hart**, denn durch Reibung wird kein Material abgetragen.

◄ Aufgrund der Geschmeidigkeit von Metall lassen sich daraus sehr dünne Folien herstellen, hier aus Zinn.

▲ Die Dehnbarkeit von Metall gestattet die Herstellung sehr dünner Drähte, in diesem Fall eines Kupferdrahts.

◄ Bei einigen wenig biegsamen Metallen, wie diesem Aluminiumteil, brechen die Fasern, wenn sie gebogen werden.

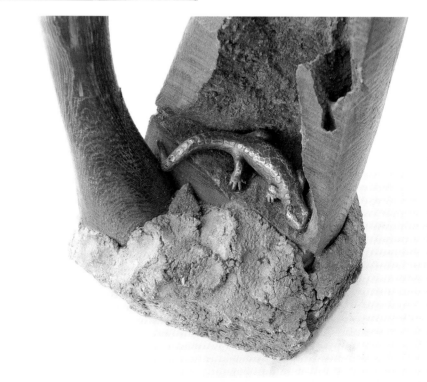

► Jordi Torras, *Salamander*, 1995, Bronze und Holz.
Da sich Metall schmelzen lässt, kann es als flüssiger Werkstoff in eine entsprechend gestaltete Form gegossen werden.

Rostfreie Stähle

In diesen Legierungen bilden Eisen, Kohlenstoff und Chrom die Hauptbestandteile, zu denen u.a. Nickel, Molybdän, Titan oder Silizium hinzugefügt werden können, die sich auf die Eigenschaften des jeweiligen Stahls auswirken. Man unterscheidet zwischen drei großen Gruppen: martensitischer Stahl, ferritischer Stahl und austenitischer Stahl, der am häufigsten eingesetzt wird.

Alle sind korrosionsbeständig gegen Luft, Feuchtigkeit und einige Säuren. Martensitischer und ferritischer Stahl werden von Magneten angezogen, während austenitischer Stahl nicht magnetisch ist.

Unlegierte Stähle

Dies sind Legierungen aus Eisen und Kohlenstoff, die minimale Mengen von Silizium und Mangan beinhalten. Ihre Farbe ist grau; es handelt sich im Allgemeinen um das, was wir einfach »Eisen« nennen. Die Kohlenstoffmenge in der Legierung bestimmt ihre Eigenschaften und Besonderheiten. Die unlegierten Stähle sind die am häufigsten eingesetzten Stähle und haben einen Kohlenstoffanteil von unter 2,1 %. Liegt er darüber, bezeichnet man den Werkstoff als »Gusseisen«.

Unlegierte Stähle sind duktil und geschmeidig, hart, elastisch und zäh; sie schmelzen ab 1535 °C (je nach Legierung).

Aluminium

Es handelt sich dabei um ein leichtes Metall von weißer Farbe, das sehr korrosionsbeständig gegen Luft und Feuchtigkeit ist. Es ist relativ weich, sehr duktil und geschmeidig, es hat eine geringe Dichte und schmilzt bei 660 °C.

Kupfer

Kupfer ist ein rötliches, sehr duktiles und geschmeidiges Metall und ein ausgezeichneter Strom- und Wärmeleiter. Es ist sehr zäh und seine Schmelztemperatur liegt bei 1083 °C.

Messing

Messing ist eine gelbfarbene Legierung aus Kupfer und Zink. Sie ist hart, zäh und sehr korrosionsbeständig. Je nach Zusammensetzung schmilzt sie in einem Temperaturbereich zwischen 800 und 1025 °C.

Zink

Zink ist ein graublaues Metall, sehr korrosionsbeständig gegen Luft oder Feuchtigkeit. Es ist weich, nur wenig elastisch und geschmeidig und seine Schmelztemperatur liegt bei 419 °C.

Zinn

Hierbei handelt es sich um ein glänzendes, weißes, sehr korrosionsbeständiges Metall. Es ist geschmeidig, biegsam, wenig duktil und wird bei hohen Temperaturen brüchig. Ein Metall mit hoher Dichte, das bei 232 °C schmilzt.

Blei

Dies ist ein sehr weiches, dunkelgraues, dichtes und leicht zu verkratzendes Metall. Es ist zäh, duktil, geschmeidig und unter normalen Umweltbedingungen korrosionsbeständig. Es schmilzt bei 327 °C.

▶ Rostfreier Stahl (A), Unlegierter Stahl (B), Aluminium (C), Kupfer (D), Messing (E), Zink (F), Zinn (G), Blei (H).

Stahlherstellung

A—FURNACE. B—STAIRS. C—ORE. D—CHARCOAL.

Eisen ist ein Metall mit einem Kohlenstoffanteil von weniger als 0,05 %. In Legierung mit einem angemessenen Anteil Kohlenstoff verbessern sich einige seiner Eigenschaften, wie Härte und Elastizität; außerdem können thermische Verfahren wie das Härten angewendet werden. Beträgt dagegen bei einer Legierung der Kohlenstoffanteil mehr als 2,1 %, wird das Material brüchig und spröde, es nennt sich »Gusseisen«.

Stahl ist also eine Legierung, die vor allem aus Eisen und Kohlenstoff besteht. Der Anteil von Kohlenstoff liegt in der Regel zwischen 0,05 und 1,7 %. Natürliches Eisen (Fe) kommt in verschiedenen Erzformen vor und lässt sich aus den Erzen leicht herausschmelzen.

◀ Szene aus dem neunten Band von *De Re Metallica* (1556), einem enzyklopädischen Werk von Georgius Agricola (1494–1555), in dem alle Metallarbeiten des 16. Jahrhunderts vorgestellt werden.

Bis zum 14. Jahrhundert wurde eine Vielzahl von Schmiedeeisen hergestellt, indem Eisenerz und Holzkohle in einem Ofen erhitzt wurden. Man erhielt so eine Masse aus Eisen und Schlacke, die aus den Unreinheiten des Metalls und der Asche entstand. Diese Masse mit Verunreinigungen wurde im rot glühenden Zustand mit Hämmern geschmiedet, um die Schlacke zu entfernen und das Metall zu verdichten. Gelegentlich entstand bei diesem Verfahren zufällig auch Stahl, wenn das Eisen den Kohlenstoff aus der Holzkohle aufnahm.

Später nahmen die Öfen dann an Höhe und Größe zu. Dieser technische Wandel führte dazu, dass die Verbrennungsgase durch eine bessere Vermischung der Ausgangsmaterialien auch besser abziehen konnten und somit die Aufnahme des Kohlenstoffs durch das Eisen erleichtert wurde; dabei entstand das so genannte **Roheisen**. Dieses wurde anschließend gefrischt, sodass man schließlich Stahl erhielt.

▼ Eisenabstich des flüssigen Eisens in einer Gießerei. Das Verfahren zur Herstellung und Aufbereitung des Eisens zum Zweck der Stahlerzeugung besteht darin, den Anteil an Kohlenstoff und anderen Verunreinigungen zu senken. Je nach Verwendungszweck können weitere Elemente hinzugefügt werden, um verschiedene Stahlsorten mit speziellen Eigenschaften herzustellen.

Gebläseofen

Seit dem 19. Jahrhundert werden Hochöfen zur Herstellung von Stahl eingesetzt. Mit dem so genannten Bessemerkonverter beginnt die großindustrielle Stahlfertigung.

Beim Windfrischverfahren wird das Roheisen in einem kegelstumpfförmigen, sehr hohen Ofen – daher der Name »Hochofen« – aufbereitet, wobei Sauerstoff mit Hochdruck durch das geschmolzene Metall geblasen wird. Der Sauerstoff verbindet sich mit dem Kohlenstoff und mit unerwünschten Begleitstoffen, die im Roheisen enthalten sind. Er löst eine Oxidationsreaktion dieser Verunreinigungen des Roheisens aus.

Gleichzeitig werden Kalk und andere Stoffe hinzugefügt, die als Flussmittel dienen und eine chemische Reaktion auslösen, bei der Temperaturen von fast 1650 °C freigesetzt werden. Ist die erwünschte und durch Proben überprüfte Zusammensetzung des Stahls erreicht, wird der flüssige Stahl mittels einer Verteilerpfanne in einen Strang gegossen.

Dieses großtechnische Verfahren dient der Herstellung unterschiedlicher Sorten von Stählen; es ermöglicht im Gebläseofen eine Produktion von bis zu 300 Tonnen Stahl in knapp 45 Minuten!

▼ Verfahren zur Herstellung von Stahl und seiner unterschiedlichen Halberzeugnisse aus Erz und Schrott.

Lichtbogenofen

Bei diesem Ofen wird die zum Schmelzen des Metalls erforderliche Hitze durch Elektrizität erzeugt. In einer hermetisch geschlossenen Kammer lässt man einen Lichtbogen zwischen zwei großen Elektroden entstehen. Dieser Bogen erzeugt Wärme von bis zu 3500 °C, die das beschickte Metall zum Schmelzen bringt. Der flüssigen Masse werden daraufhin exakt definierte Mengen der erforderlichen Zusätze für die Legierung beigemischt.

Das verwendete Ausgangsmaterial ist Stahlschrott, der zuvor analysiert und sortiert wurde, damit die Legierungszusätze darin nicht die Zusammensetzung des aufbereiteten Metalls beeinträchtigen.

Der größte Vorteil dieses Ofens besteht darin, dass man die Temperatur präzise automatisch regeln kann. Dies ist vor allem bei der Herstellung von Spezialstählen und rostfreien Stählen ideal, da kein Brennstoff verwendet wird, der den Stahl verunreinigt.

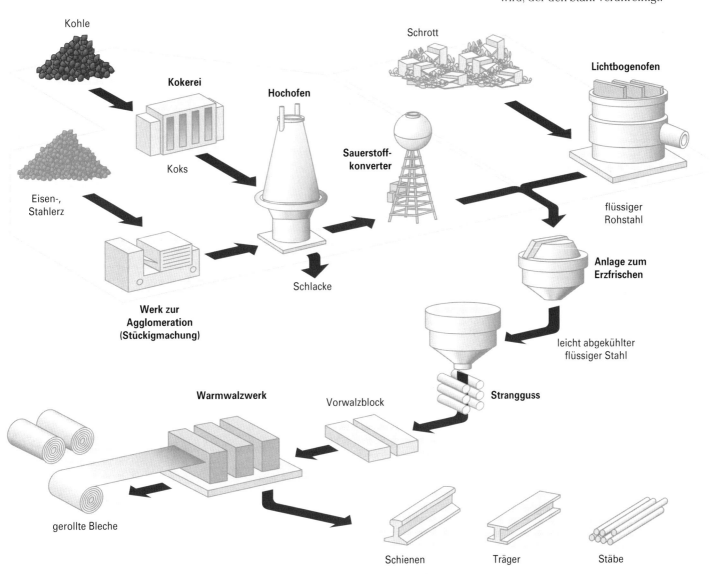

Handelsübliche Metallteile

Metalle kommen als Fertigerzeugnisse auf den Markt. Es sind Stäbe mit sehr unterschiedlichen Querschnitten und Größen, die so genannten **handelsüblichen Profile**. Sie sind bezogen auf ihren Verarbeitungsgrad, ihre Form, ihre Oberflächenbearbeitung und ihren Zweck genormt und werden als Halberzeugnisse und Fertigprodukte angeboten.

Die Halbzeuge bilden den Rohstoff zur Herstellung von Fertigprodukten. Hergestellt werden sie durch Warmwalzen des stranggegossenen Rohmetalls aus den Hochöfen.

Dabei entstehen Vorwalzblöcke oder Luppen mit quadratischem oder rechteckigem Querschnitt, außerdem Knüppel mit quadratischem Querschnitt sowie Brammen mit rechteckigem Querschnitt. All diese Halbzeuge besitzen keine Grate.

Die Fertigprodukte werden daraus durch verschiedene Formungsverfahren hergestellt. Hierzu gehören insbesondere das **Walzen**, das **Extrudieren**, die **Herstellung von Rohren**, das **Drahtziehen** und das **Strecken**.

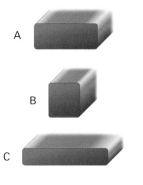

A

B

C

◄ Querschnitte der Stahlhalbzeuge nach dem ersten Warmwalzen, Vorwalzblock (A), Knüppel (B) und Bramme (C).

Walzen

Beim Walzen wird das Metall durch zwei übereinander gelagerte Walzen geführt, die sich in entgegengesetzter Richtung drehen. Dieses Verfahren kann sowohl mit warmem als auch mit kaltem Metall durchgeführt werden.

Mit warmem Metall hat es den Effekt eines kontinuierlichen Schmiedens. Durch Warmwalzen wird das Metall nicht spröde, das heißt, es wird aufgrund der Verformung nicht hart. Darüber hinaus können auch starke Umformungen durchgeführt werden, solange das Material die entsprechende Temperatur zwischen Rekristallisation und Schmelzen halten kann. Durch das Warmwalzen verbessern sich auch die konstruktiven und chemischen Eigenschaften des Metalls.

Beim Kaltwalzen wird bei Raumtemperatur gearbeitet, was dazu führt, dass die Metalle durch die Verformung spröder werden. Diese Eigenschaft wird durch ein Ausglühen am Ende des Verfahrens beseitigt.

Von allen Metallen wird Stahl am häufigsten gewalzt, sowohl kalt als auch warm. Es gibt aber auch eine Vielzahl von Profilen aus Kupfer und Aluminium und deren Legierungen, Magnesiumlegierungen, Zink oder Blei, die auch kalt und warm gewalzt werden. Das

Umformen der Metalle geschieht in **Walzgerüsten**, die im Wesentlichen aus zwei oder mehr übereinander gelagerten zylindrischen Walzen bestehen. Werden diese Walzgerüste so angeordnet, dass das Material sie nacheinander durchläuft und ein bestimmtes Profil hergestellt wird, bezeichnet man sie als **Walzstraße**. Es gibt unter anderem Vorwalzstraßen, Knüppelwalzstraßen, Formstahlwalzstraßen und Profilwalzstraßen, deren Name sich nach dem Endprodukt richtet.

Kontinuierliche Walzstraßen werden zur Herstellung von Profilen mit geringem und mittlerem Gewicht eingesetzt. Sie bestehen aus in Gruppen angeordneten, gerillten Walzen mit Formen, die sich allmählich der endgültigen Form des Endproduktes annähern. Das Halbzeug durchläuft zunächst die Vorwalzgruppe, danach die Auswalzgruppe und schließlich die Endbearbeitung.

Strecken und Drahtziehen

Hierbei handelt es sich um zwei Umformverfahren für duktile Werkstoffe. Beide verformen das Material, indem es durch Öffnungen mit genau festgelegter Größe, die Ziehringe oder Zieheisen, gezogen wird.

Der Unterschied zwischen beiden Verfahren liegt in drei wesentlichen Aspekten: in der Art des bearbeiteten Werkstoffs, dem Zweck des Vorgangs und in seiner Umsetzung.

Gestreckt werden Stangen mit einem Durchmesser über 10 mm, während zum Drahtziehen Rundstäbe mit einem von Durchmesser von 5 bis 8 mm verarbeitet werden, die in ei-

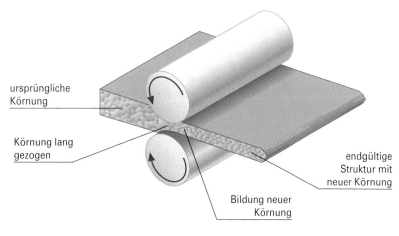

ursprüngliche Körnung

Körnung lang gezogen

Bildung neuer Körnung

endgültige Struktur mit neuer Körnung

▲ Der große Druck der Walzzylinder führt zur Veränderung der Metallstruktur. Beim Walzen von Metall bei Raumtemperatur wird das Metall hart und verliert an Plastizität und Elastizität. Es wird brüchiger, deshalb muss es nach dem Walzen ausgeglüht werden, um die verlorenen Eigenschaften wiederzuerlangen.

Wird hingegen warmes Metall gewalzt, so erhält man den Effekt des kontinuierlichen Schmiedens. Hierdurch werden Eigenschaften wie Zähigkeit oder Duktilität des Metalls verbessert und seine Bruch- und Torsionsfestigkeit sowie die Zug- und Druckfestigkeit erhöht.

► Aufeinander folgende Querschnitte aus einzelnen Walzgerüsten, aus denen ein Winkelprofil entsteht.

► Querschnitte aus den einzelnen Walzgerüsten, aus denen Schienen entstehen.

ner besonderen Walzbearbeitung für genau dieses Verfahren hergestellt wurden.

Das Strecken soll das Werkstück auf ein exaktes Maß bringen, es durch Verformung härten oder zu einer bestimmten Form arbeiten, während beim Drahtziehen das Material dünner werden soll. Auch wird das Strecken in einem Durchgang ausgeführt, während beim Drahtziehen mehrere Durchgänge nötig sind.

Für das Ziehen von Drähten nimmt man Stahl, Kupfer, Bronze und Aluminium. Glühfäden von elektrischen Beleuchtungsmitteln werden aus gezogenem Wolfram hergestellt.

Für das Strecken werden duktile und zugfeste Metalle eingesetzt, die nicht reißen. Am häufigsten verwendet man Kohlenstoffstähle und die entsprechenden Legierungen, Aluminium und seine Legierungen sowie Kupfer, Messing und Magnesium.

Fließpressen – Strangpressen

Pressen ist ein Verfahren, um Metalle und ihre Legierungen umzuformen, indem man sie unter Druck, im kalten oder warmen Zustand durch eine Matrize treibt. So werden Profile und Rohre mit einheitlichen Querschnitten und von hoher Oberflächengüte hergestellt.

Beim **Fließpressen** wird das kalte Metall auf den Boden einer Matrize und unter den Fuß eines Stempels gelegt, der mit großer Energie Druck darauf ausübt und es zwischen die Wände der Matrize und den Stempel zwingt.

Die verwendeten Metalle sind sehr duktil, etwa Blei, Zinn, Zink oder Kupfer, und der durch den Stempel ausgeübte Druck ist sehr hoch. Er wird stoßartig ausgeübt, damit die freigesetzte Energie des Stoßes sich in Hitze umwandelt und das Fließpressen erleichtert.

Im Fließpressverfahren werden kleine Behälter mit flexiblen Wänden hergestellt, in die Pasten, Cremes etc. gefüllt werden können. Es werden auch Hülsen, etwa für zylindrische Batterien oder Kondensatoren, hergestellt.

Beim **Strangpressen** lässt man die Metalle bei Temperaturen nahe dem Schmelzpunkt durch Matrizen fließen, deren Öffnungen die Form des gewünschten Profils haben.

Mit dieser Technik wird eine große Zahl von Metallen umgeformt, darunter Blei, Zinn, Zink, Kupfer, Aluminium, Nickel und Mangan sowie alle entsprechenden Legierungen. Das Verfahren wird auch bei Weichstählen und nicht rostenden Stählen angewandt.

Durch Strangpressen lassen sich Werkstücke mit Rechteck-Profil, T-Träger, Doppel-T-Träger, runde Röhren mit Flügeln, mit Rippen und Leisten in jeder Form herstellen.

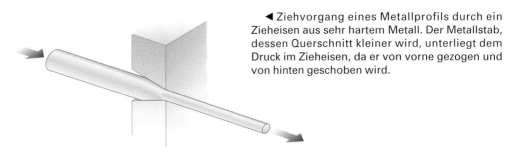

◄ Ziehvorgang eines Metallprofils durch ein Zieheisen aus sehr hartem Metall. Der Metallstab, dessen Querschnitt kleiner wird, unterliegt dem Druck im Zieheisen, da er von vorne gezogen und von hinten geschoben wird.

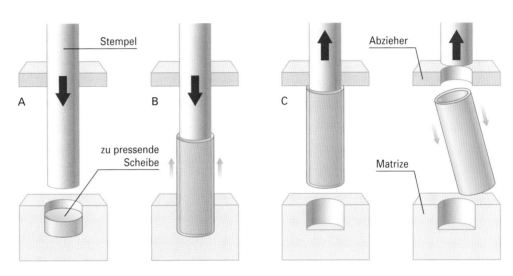

▲ Phasen des Fließpressens: Man benötigt hierfür eine entsprechende Presse. Die Metallscheibe, die im Fließpressverfahren bearbeitet werden soll, wird in eine Matrize aus sehr hartem Metall gelegt (A). Durch den ebenfalls harten Metallstempel, der mit einem bestimmten Druck auf die Scheibe schlägt, wird diese umgeformt bzw. fließgepresst (B). Der Stempel gibt das entstandene Werkstück frei, sobald er sich hinter den Abzieher zurückgezogen hat (C). Der Druck, mit dem der Stoß ausgeführt werden muss, wird in Abhängigkeit von einer Reihe von Variablen, wie etwa den Eigenschaften des zu pressenden Metalls, seiner Form und der Stärke der Scheibe, berechnet.

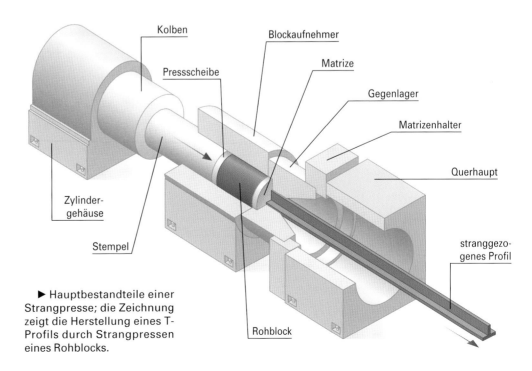

► Hauptbestandteile einer Strangpresse; die Zeichnung zeigt die Herstellung eines T-Profils durch Strangpressen eines Rohblocks.

◄ Massive und hohle Profile aus Messing
und Kupfer (rechts), mit quadratischem oder
rundem Querschnitt.

▼ Stranggepresste Aluminiumprofile; das Verfahren ermöglicht zahllose komplexe Metallformen, die sich auf dem Markt befinden.
　　Sie werden sehr häufig für den Bau von Fensterrahmen und Verschlüssen verwendet. Auch in der Raumfahrt sowie der Automobil- und Eisenbahnindustrie werden sie wegen ihres geringen Gewichts und ihrer Widerstandsfähigkeit geschätzt.

Die Herstellung von Rohren

Um Rohre herzustellen, gibt es eine Vielzahl von Verfahren, sodass im Handel viele unterschiedliche Rohrtypen für die verschiedenen Zwecke erhältlich sind. Es gibt offene und verklammerte Rohre, elektrisch geschweißte, mit Lichtbogen oder auch autogen geschweißte Rohre, gegossene Rohre, warmgezogene Rohre, durch Strangpressen oder durch Durchbohren mit einem Stopfen hergestellte Rohre. Rohre verwendet man als Bauelemente, für den Transport von Flüssigkeiten oder im Gerüstbau. Ebenso werden sie in der Automobilindustrie, im Haushalt oder für die Herstellung von Metallmöbeln eingesetzt.

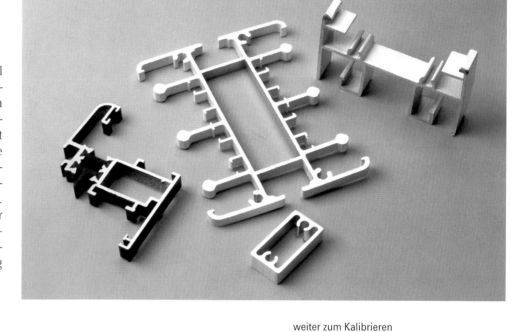

▶ Herstellungsphasen eines Rohres durch Formen des Metalls und Schließen der Naht mittels Elektroschweißen.
　　Das Blech wird von mehreren Walzenpaaren nach und nach so gebogen, bis sich ein geschlossener Kreisquerschnitt gebildet hat; daraufhin werden die Ränder durch automatisches Elektroschweißen verbunden.

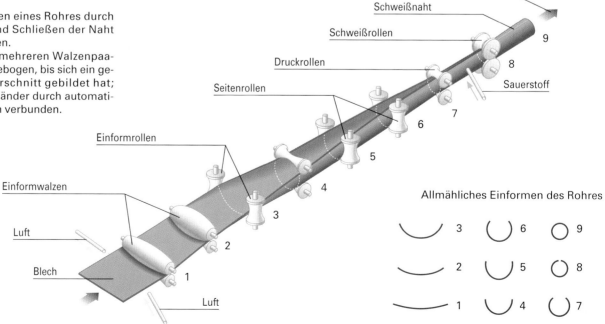

weiter zum Kalibrieren

Schweißnaht

Schweißrollen

Druckrollen

Seitenrollen

Sauerstoff

Einformrollen

Einformwalzen

Luft

Blech

Luft

Allmähliches Einformen des Rohres

Stahlprofile

Bei der großen Zahl von Fertigerzeugnissen aus Stahl ist es sinnvoll, die handelsüblichen Profile in kaltgeformte und warmgewalzte Profile zu unterteilen.

Kaltgeformte Profile werden aus dünnen Blechen mit 1 bis 6 mm Stärke in Profiliermaschinen hergestellt, die das Metall im kalten Zustand, das heißt bei Umgebungstemperatur, biegen und abkanten. Im Allgemeinen wird beim Kaltformen das Material nicht mehr gewalzt, da sich die Stärke des Blechs auch im geformten Zustand nicht verändert.

Diese Profile werden meist zur Fertigung von Stahlrohrmöbeln und leichten Bauteilen, etwa Tür- und Fensterrahmen, sowie für Bauelemente wie Geländer oder Gitter eingesetzt.

Das Warmwalzen, für das das Metall auf die benötigte Temperatur erhitzt wird, verbes-

▼ Verschiedene kaltgeformte Hohlprofile aus dünnen Blechen unterschiedlicher Stärke, hergestellt in automatischen Profiliermaschinen: U-Profile mit gleich langen Schenkeln werden häufig als Führungsleisten für Jalousien verwendet (A), spezielle Kastenprofile für Fenster- und Türrahmen (B), Halbrund- und Halbovalrohre als Handlauf für Geländer (C), Rechteckrohre (D), Quadratrohre (E), Rundrohre (F), Rohre, die aus einem warmen Walzblock ausgestanzt wurden (G).

sert seine Eigenschaften und beseitigt gleichzeitig Blasen und Lunker, die beim Gießen entstehen können. Zudem wird das Metall homogener, sowohl in seiner chemischen Zusammensetzung wie auch in seiner Struktur, und es lassen sich Verunreinigungen oder Schlackereste entfernen, die ebenfalls vom Gießen herrühren.

Meist werden die in Walzstraßen hergestellten Produkte für bauliche Zwecke eingesetzt, da sie ideale mechanische Eigenschaften, von der Torsionsfestigkeit über die Druckfestigkeit bis hin zur Zugfestigkeit, aufweisen. Sie werden sehr häufig für Brücken, Freileitungsmasten und Schleusentore, für Stahlskelettbauten sowie im Schiffbau gebraucht.

▼ Verschiedene warmgewalzte Profile: Doppel-T-Profile mit Normalflansch (A), Doppel-T-Profil mit Breitflansch (B), U-Profile (C), T-Profile (D), gleichschenklige Winkelprofile (E), quadratische und rechteckige Vierkantstäbe (F), Rundstäbe (G), Sechskantstäbe (H), Flacheisen (I).

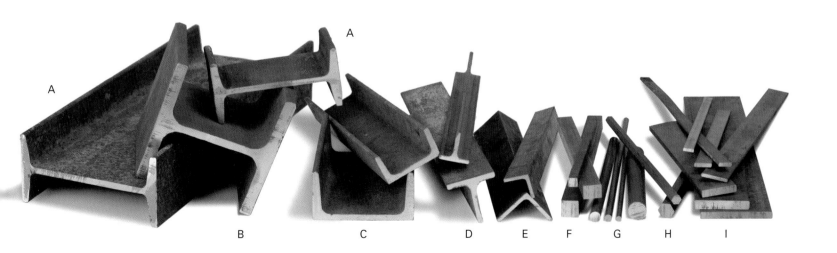

Auf den folgenden Seiten werden die verschiedenen Hilfsmittel für die sehr unterschiedlichen Arbeiten am Metall vorgestellt. Es sind Werkzeuge, Maschinen und Geräte, deren Technologie sich zum Teil seit Jahrhunderten nicht verändert hat, wie zum Beispiel Hammer, Setzstock, Feile und viele andere.

Andere jedoch haben sich weiterentwickelt und bedienen sich der modernen und hohen Technologiestandards, wie es zum Beispiel bei Schweißanlagen oder beim Plasmabrennschneiden der Fall ist.

Nie handelt es sich aber um bloße Arbeitsgeräte, denn die Hilfsmittel sind gleichsam Erweiterungsmöglichkeiten für die Hände, mit denen sich die unterschiedlichsten kreativen Ideen verwirklichen lassen.

In jedem Fall ist es natürlich von entscheidender Bedeutung, die Werkzeuge sorgfältig und äußerst pfleglich zu behandeln und die Maschinen nur für das einzusetzen, wofür sie ausgelegt sind.

Außerdem ist es erforderlich, immer die notwendigen Vorkehrungen für den eigenen Körperschutz zu treffen.

Werkzeuge
und Maschinen

Geräte zum Messen und Anzeichnen

Vor der eigentlichen Herstellung eines jeden Objekts werden gerade Linien oder exakte Rundungen auf das Material gezeichnet, um es exakt schneiden, abkanten oder biegen zu können. Man verwendet dafür Mess- und Anzeichengeräte, mit denen sich Abstände, Winkel oder Flächen vergleichen und bestimmen lassen.

Die Geräte

Schieblehre

Mit einer Schieblehre lassen sich exakte Längen ab 0,5 mm mit einer Genauigkeit von bis zu 0,002 mm je nach Präzision des Geräts bestimmen. Sie besteht aus einem meist rostfreien Stahllineal mit Millimeterskala, das an einem Ende mit einem rechtwinklig abstehenden großen Schenkel sowie einem kleine-

ren Schenkel versehen ist. An diesem Lineal schiebt man ein zweites Lineal entlang, das ebenfalls einen großen und einen kleinen Schenkel am Ende besitzt und in dessen Rand eine spezielle, »Nonius« genannte, Messskala eingraviert ist.

Mit den großen Schenkeln der Schieblehre lassen sich Außenmaße bestimmen, mit den kleineren Schenkeln Innenmaße. Mithilfe eines Sporns am rückwärtigen Ende des Geräts kann auch die Tiefe eines Gegenstands gemessen werden.

Metallmaßstäbe und Rollmeter

Metallmaßstäbe bestehen aus rostfreiem Stahl, haben einen rechteckigen Querschnitt und eignen sich besonders, um Linien auf Metall vorzuzeichnen. Lineale aus Holz oder Kunststoff hingegen würden bei der Arbeit

auf Metall und durch die scharfe Reißnadel zu leicht beschädigt.

Rollmeter dienen dem Ausmessen ebener Flächen sowie runder Objekte, da sie aus einem dünnen, biegsamen, leicht gekrümmten Stahlband bestehen, das sich in eine Kunststoffhülle einrollen lässt. Die Länge reicht von einem bis zu fünf Metern. Oft wird statt vom »Rollmeter« kurz vom »Meter« gesprochen, welcher jedoch nicht mit dem Maßband aus Textilfasern zum Messen von Längen bis zu zehn Metern verwechselt werden darf.

Anschlagwinkel und Stellwinkel

Mit diesen Hilfsmitteln lassen sich Winkel anzeichnen und Winkel zwischen senkrecht aufeinander stehenden Ebenen nachprüfen. Man ist gut beraten, unterschiedlich große Anschlagwinkel zu besitzen, da man eine große

MESSEN MIT EINER SCHIEBLEHRE

Beim Messen mit der Schieblehre kann der Nullpunkt des Nonius genau mit einer Millimetermarkierung des feststehenden Lineals zusammenfallen oder neben einer Markierung liegen. Im ersten Fall ist das Maß so groß, wie auf der Skala angezeigt, zum Beispiel 7 mm. – Im zweiten Fall, bei dem die Null des Nonius nicht genau mit einer Millimetermarke zusammentrifft, muss man zum Ablesen des genauen Maßes auf die Noniusskala schauen.

Beim Messen eines Objekts kann die Null des Nonius also zwischen zwei Millimetermarken, hier zwischen 2 und 3, stehen. Vor dem Komma steht dann zunächst die Zahl, die links der Null des Nonius steht, hier 2 mm. Der genaue Wert auf der Noniusskala befindet sich dort, wo diese Skala genau auf eine Markierung der anderen Skala trifft; dies ist dann die erste Stelle nach dem Komma, hier die 3. Das exakte Maß beträgt hier also 2,3 mm.

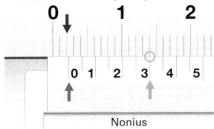

Feststehende Skala (in cm)

Nonius

▲ Ablesen des Nonius auf der Schieblehre

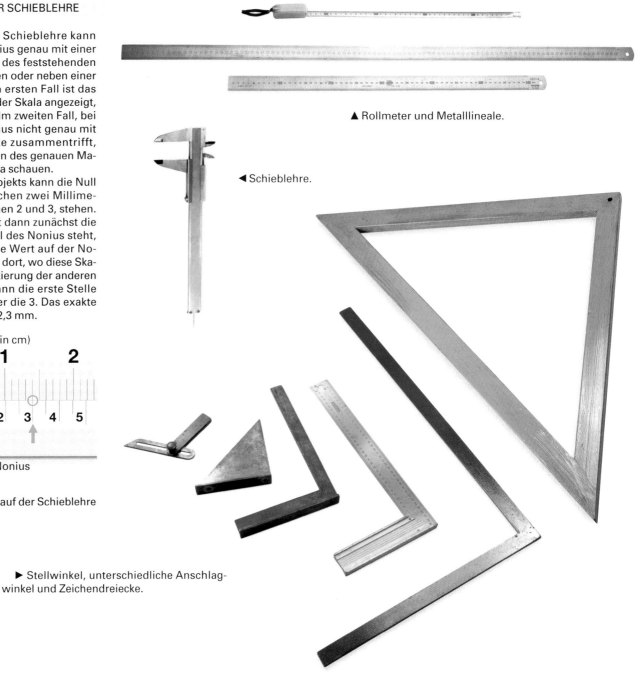

▲ Rollmeter und Metalllineale.

◀ Schieblehre.

▶ Stellwinkel, unterschiedliche Anschlagwinkel und Zeichendreiecke.

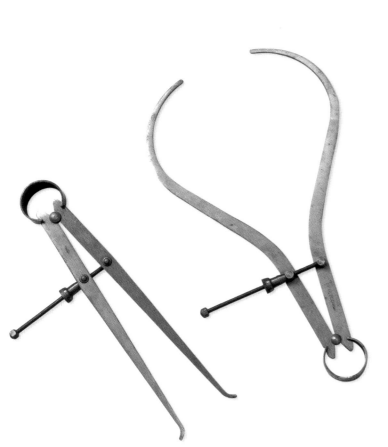

▲ ▶ Innentaster, Außentaster, Anreißzirkel und Stangenzirkel (rechts).

Fläche niemals mit einem kleinen Winkelmaß messen sollte. Auf diese Weise kann man ausschließen, dass die Maße außerhalb des Winkelmaßes nicht stimmen.

Mit dem Stellwinkel können vorgegebene Winkel auf die Arbeitsfläche übertragen und aufgezeichnet werden; ebenso lassen sich damit auch Winkel prüfen und vergleichen. Der Stellwinkel besteht aus zwei Teilen, meist aus Stahl, die entlang einer Achse verschiebbar sind und sich auf jeden Winkel einstellen lassen.

Anreißzirkel und Messzirkel

Anreißzirkel bestehen aus zwei Stahlschenkeln mit jeweils einer gehärteten Spitze. Es gibt sie als schlichte Zirkel oder als Federzirkel. Der Federzirkel wird durch Drehen einer Schraube

geöffnet, die Druck auf einen der Schenkel ausübt. Für das Anzeichnen von Bögen oder Kreisen mit großen Radien verwendet man spezielle Stangenzirkel, die aus einer Stange mit Zentimeter- und Millimetereinteilung und zwei verschiebbaren Elementen mit Anreißnadeln bestehen. Diese Schieber stellt man auf die Größe des anzureißenden Bogenradius oder Kreisradius ein.

Neben dem Anzeichnen von Kreisbögen lassen sich mit Anreißzirkeln auch Strecken übertragen oder gleiche Abstände markieren.

Messzirkel dienen dem Vergleichen und Prüfen von Innen- und Außenmaßen von Gegenständen. Der Außentaster besitzt nach innen gebogene Spitzen zum Messen der Außenmaße von Hohlkörpern, beim Innentaster sind die Spitzen nach außen gebogen, um die Innenmaße zu bestimmen.

◀ Körner und Reißnadel.

Körner und Reißnadel

Bei einem Körner handelt es sich um ein Stahlwerkzeug mit runder, leicht stumpfer Spitze. Man verwendet ihn zur Markierung eines Punktes, von dem ausgehend ein Bogen oder Umrisslinien gezeichnet werden können. Darüber hinaus schlägt man damit eine Vertiefung in das Metall, um darin den Bohrer für ein Loch anzusetzen.

Die Reißnadel ist ein dünner Stahlstift mit feiner Spitze. Sie dient zum Anzeichnen gerader Linien entlang von Metalllinealen und Winkeln.

Schablonen

Hier ist die Rede von Schablonen oder Vorlagen, die speziell für ein bestimmtes Objekt entworfen wurden und seiner Herstellung dienen. Durch den Einsatz der Schablonen lassen sich gleiche oder komplexe Teile leichter anfertigen. Manchmal beschränkt sich ihre Anwendung auf ein reines Übertragen der Form auf das Metall, um sie später nachbilden oder ausschneiden zu können. Andere Schablonen dienen dazu, die Form während der Bearbeitung immer wieder prüfen zu können. Wieder andere sind Prototypen, die als Vorlagen für das Brennschneiden mithilfe eines elektronischen Pantografen dienen. Die Herstellung einer Schablone aus Karton, Holz oder Metall ermöglicht den Zugang zum Projekt über einen offenen Dialog zwischen den Ideen, dem Material und der Arbeitstechnik. Auf jeden Fall helfen Schablonen und Vorlagen bei der Realisierung des Projekts und es besteht die Möglichkeit, sie im Laufe der Umsetzung gemäß den eigenen ästhetischen Vorstellungen noch entsprechend zu verändern.

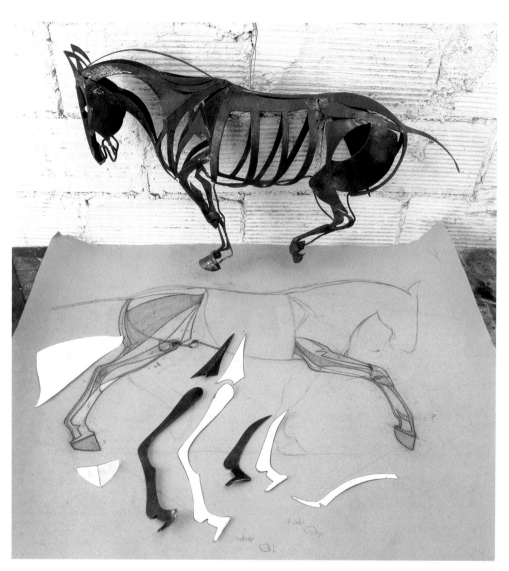

▶ Für diese Arbeit wurden zwei Verfahren kombiniert: In einer exakten Zeichnung sind die Einzelteile, aus denen sich die Skulptur zusammensetzt, farbig angelegt. Daneben wurden einzelne Schablonen aus Karton angefertigt, mithilfe derer jeweilige Einzelformen auf das Blech übertragen werden. Mit diesen Vorlagen können die Dimensionen der Arbeit im Voraus ermittelt werden. Eine Arbeit von Marta Martínez.

▲ ▶ Die Bilder zeigen zwei Schablonen. Die sternförmige Holzvorlage oben ist eine Positivform. Entlang ihrer Umrisse wird das Werkstück mit dem elektronischen Pantografen im Brennschneidverfahren ausgeschnitten. Gemma López hat das Metall nach dem Schneiden in der Schmiede noch geformt. Rechts dient die Schablone als äußere Begrenzung der gewünschten Form. Man legt sie auf das Metall und schneidet ihre Begrenzungslinie nach.

▼ ► Metallschablonen werden vor allem beim Schmieden eingesetzt. Sie eignen sich besonders, wenn eine Form mehrmals gefertigt oder eine komplexe Form genau nachgearbeitet werden soll. Hier wird ein dünnes Flacheisen nach Wunsch geformt und mittels Punktschweißung auf einer Platte befestigt. Auf diese Weise wird die Schablone stabil und man verhindert ein Verschieben beim Abformen des Werkstücks.

◄ ▼ Eine Vorzeichnung in Originalgröße auf dem Fußboden kann bei der Arbeit sehr nützlich sein. Beim Formen der Einzelteile lassen sie sich leicht auf die Zeichnung auflegen, um sicherzugehen, dass das fertige Werk mit der ursprünglichen Idee übereinstimmt.

Werkzeuge zum Einspannen

M it Werkzeugen zum Einspannen lassen sich Objekte während ihrer Bearbeitung fixieren. Die Werkzeuge sind so ausgelegt, dass sich eine Vielzahl unterschiedlich großer und geformter Werkstücke darin einspannen lässt. Sie erleichtern Arbeiten wie das Feilen, Schleifen, Schneiden oder Bohren. Durch das Einspannen stellt man sicher, dass sich Werkstücke beim Schweißen in der richtigen Position befinden, denn die zu verbindenden Teile dürfen sich bei der Bearbeitung keinesfalls bewegen. Manchmal lassen sich durch Einspannwerkzeuge Metallteile auch einfach besser als mit der Hand festhalten.

Zu guter Letzt beugt das Einspannen von Werkstücken auf der Werkbank auch möglichen Verletzungen vor.

Die Geräte

Schraubstock

Dieses Gerät, auch »Parallelschraubstock« genannt, wird aus Grauguss oder geschmiedetem Stahl hergestellt. Es gehört zur Grundausstattung in jede Werkstatt. Man spannt darin Werkstücke, etwa zum Feilen oder Kürzen, fest ein. Die Klemmbacken sind geriffelt. Diese Rillen können sich allerdings auf der Oberfläche des bearbeiteten Metalls abzeichnen; um dies zu verhindern, gibt es Schutzaufsätze für beide Klemmbacken. Die Aufsätze sind meist L-förmig und bestehen aus einem weicheren Metall, etwa Blei oder Aluminium. Es gibt fest verankerte und drehbare Schraubstöcke; mit letzteren lassen sich die Werkstücke in die beste Arbeitsposition drehen.

Feilkloben

Er eignet sich gut zum Festhalten sehr kleiner Werkstücke oder zum Hantieren mit Teilen, die sich bei der Arbeit erwärmen. Die zwei kleinen Klemmbacken sind an einem Ende beweglich miteinander verbunden und können zusammengezogen werden, um das Werkstück fest einzuspannen.

Winkelschraubstock

Hierbei handelt es sich um ein Gerät aus Gusseisen, mit dem Profile in einem 90°-Winkel zueinander eingespannt und verbunden werden können. Es besteht aus zwei feststehenden, getrennten Klemmbacken, die im rechten Winkel zueinander stehen, sowie aus einer beweglichen Klemmbacke, deren zwei Seiten jeweils parallel zu den feststehenden Klemmbacken liegen. Mithilfe einer Schraube an dem beweglichen Element werden die Werkstücke fixiert. Die bewegliche Klemmbacke lässt sich dabei nicht nur vor- und zurückschrauben, sondern kann durch leichtes Drehen um eine Achse an Werkstücke mit ungleicher Stärke auch gut angepasst werden.

Schraubzwingen

Schraubzwingen werden in vielerlei Weise zum Ein- und Festspannen eingesetzt. Es lassen sich damit Werkstücke unterschiedlicher Größe fixieren und da sie selbst nicht verankert werden müssen, sind sie in jeder Metallwerkstatt unverzichtbar.

Sie haben verschiedene Größen und bestehen meist aus einem Flacheisen, an dessen einem Ende eine Klemmbacke befestigt ist. Entlang des Flacheisens lässt sich eine weitere Klemmbacke verschieben, die eine Schraube zur Fixierung der Werkstücke aufweist.

▼ Winkelschraubstock.

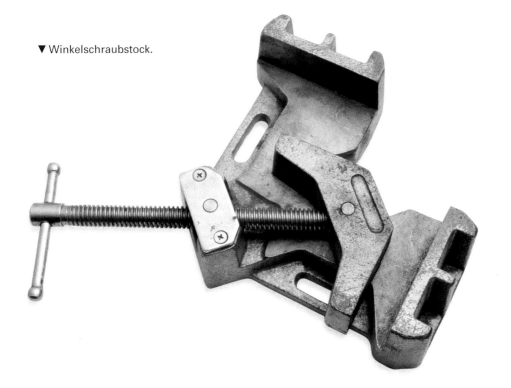

▼ Schraubstock.

▼ Feilkloben.

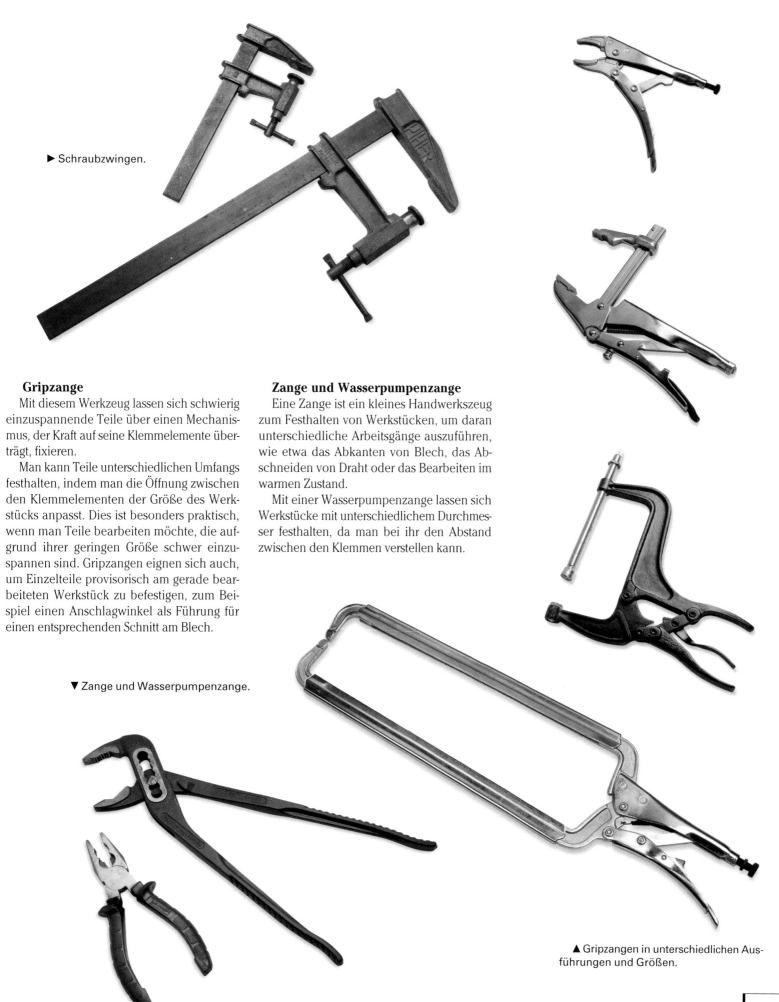

▶ Schraubzwingen.

Gripzange

Mit diesem Werkzeug lassen sich schwierig einzuspannende Teile über einen Mechanismus, der Kraft auf seine Klemmelemente überträgt, fixieren.

Man kann Teile unterschiedlichen Umfangs festhalten, indem man die Öffnung zwischen den Klemmelementen der Größe des Werkstücks anpasst. Dies ist besonders praktisch, wenn man Teile bearbeiten möchte, die aufgrund ihrer geringen Größe schwer einzuspannen sind. Gripzangen eignen sich auch, um Einzelteile provisorisch am gerade bearbeiteten Werkstück zu befestigen, zum Beispiel einen Anschlagwinkel als Führung für einen entsprechenden Schnitt am Blech.

Zange und Wasserpumpenzange

Eine Zange ist ein kleines Handwerkszeug zum Festhalten von Werkstücken, um daran unterschiedliche Arbeitsgänge auszuführen, wie etwa das Abkanten von Blech, das Abschneiden von Draht oder das Bearbeiten im warmen Zustand.

Mit einer Wasserpumpenzange lassen sich Werkstücke mit unterschiedlichem Durchmesser festhalten, da man bei ihr den Abstand zwischen den Klemmen verstellen kann.

▼ Zange und Wasserpumpenzange.

▲ Gripzangen in unterschiedlichen Ausführungen und Größen.

Hämmern, Abkanten und Biegen

Hammerformen

Der Hammer ist das bekannteste Werkzeug und gehört zur festen Ausstattung jeder Werkstatt. Die Werkstücke lassen sich auf einem Amboss oder einem Setzstock durch Hammerschläge umformen. Ein Hammer hat einen Kopf aus Gusseisen und einen stabilen, aber elastischen Holzgriff. Nur die Enden des Metallkopfes sind durch Glühen gehärtet, damit beim Hammerschlag in der Mitte des Metallkopfes, in die der Holzgriff eingelassen ist, keine Risse entstehen.

Im Allgemeinen ist ein Hammer einfach zu handhaben. Sein Gewicht kann von 250 bis 2000 Gramm variieren, sodass eine Hand mit dem Hammer arbeiten und die freie andere Hand das Werkstück halten kann. Hämmer gibt es in unterschiedlichsten Ausführungen, die sich immer nach der jeweiligen Funktion richten.

Fäustel
Die beiden Seiten des Hammerkopfes sind eben und dienen dem Glätten von Metall.

Schlichthammer
Er besitzt eine eckige und eine kreisförmige Bahn; diese ist meist leicht bauchig, um damit Endarbeiten ausführen zu können.

Spannhammer
Spannhämmer sind ein- oder zweibahnig. Man verwendet sie zum Umformen von Werkstücken.

Polierhammer
Er besitzt zwei abgerundete, fast ebene Bahnen und ist recht leicht. Meist verwendet man ihn für sehr sorgfältig auszuführende Schlagarbeiten.

Kunststoffhammer
Er wird verwendet, wenn Abdrücke der Hammerschläge im Metall vermieden werden sollen.

Pinnhammer und Treibhammer
Diese Hammertypen kommen sehr oft zum Einsatz. Beim Treibhammer ist eine Bahn des Kopfes halbrund geformt; beim Pinnhammer ist die Finne leicht abgerundet.

▲ Pinnhammer und Treibhammer.

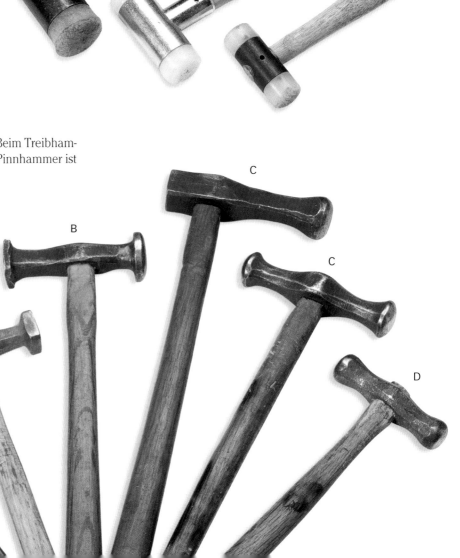

▼ Kunststoffhammer.

► Fäustel (A), Schlichthammer (B), Spannhammer (C), Polierhammer (D).

A

B

B

C

C

D

Setzstock, Faust, Einsteckamboss

All diese Werkzeuge bestehen meist aus Stahl. Das Werkstück wird darauf mit einem Hammer kalt oder warm gehämmert. Sie sind in unterschiedlichsten Formen im Handel. Üblicherweise verankert man diese Werkzeuge stabil und fest, damit sie durch den Schlag des Hammers nicht ausbrechen und man die Arbeit exakt ausführen kann. Meist erfolgt die Verankerung an einer Werkbank oder in einem Schraubstock. Faust und Setzstock sind zum Anbringen am Amboss gedacht.

Setzstock und Faust

Beide besitzen eine Bahn, um kleine Bereiche der Oberfläche des Werkstücks zu glätten. Die Faust hat zwei stumpfe Kanten und eine abgerundete Seite, um Werkstücke mit einem runden Teil gut bearbeiten zu können.

Einsteckamboss

Beim Einsteckamboss ist die Basis nicht so ausgeprägt wie bei der Faust, um sorgfältigere Verformungen am Werkstück zu erzielen.

Faust mit Kugelkopf, gerade und gekröpft

Diese sind zur Bearbeitung sehr schmaler Werkstücke geeignet.

Platte aus Stahl und Blei

Oft soll eine Form aus Metall entstehen, ohne dass das Werkstück dabei getrieben wird. In diesen Fällen verwendet man der Bearbeitung eine Bleiplatte als Unterlage, die weicher ist als eine Stahlplatte.

Ambosswerkzeuge

Dies sind Werkzeuge, die sich in den Amboss einsetzen lassen.

Tiefziehgesenke

Sie eignen sich zum Tiefziehen eines Werkstücks, um eine gerundete Form zu bilden.

▶ Setzstock und Faust, einseitig gerundet.

▶ Faust, rund gewölbt, und Einsteckamboss, oval gewölbt.

▶ Faust mit Kugelkopf, gerade und gekröpft.

◀ Tiefziehgesenke.

◀ Stahl- und Bleiplatte.

▶ Abschrot, Kehlstöckel und weitere Ambosswerkzeuge.

Abkanten und Biegen

Zum Kaltbiegen und Abkanten ebener, runder oder quadratischer Profile verwendet man meist Werkzeuge und Maschinen im Handbetrieb. Durch Druck wird mit der Hand oder der Maschine eine verformende Kraft auf das Material ausgeübt und das Werkstück über Formen, Lehren, Abkantbank, Biegemaschine oder mit dem Hammer und verformenden Gesenken gebogen.

Gabelförmige Lehren und Windeisen

Diese Lehren sind U-förmig und werden vom Schmied hergestellt, um Werkstücken im kalten oder warmen Zustand Rundungen mit einem bestimmten gewünschten Radius zu verleihen. Es können rund gebogene Stangen sein, die ein »U« formen, oder einfach zwei Stangenstücke, die zwischen Flacheisen geschweißt werden. Möglich sind auch zwei dickwandige Rohrstücke, die auf ein U-Profil als Unterlage geschweißt sind.

Ziehgabeln

Sie sind den gabelförmigen Lehren und Windeisen recht ähnlich, haben jedoch im Gegensatz zu diesen noch einen langen Griff. Man setzt sie als Hebel an den kalten oder warmen Profilen an, um diese zu biegen, abzukanten oder zu verdrehen. Der Schmied stellt sie passend für das zu bearbeitende Profil her.

Biegetisch

Dieser Untersatz dient zum Biegen eines Profils mittels Hammerschlägen. Die Entfernung zwischen beiden Winkeln ist entscheidend für den Radius der späteren Krümmung. Das Profil legt man über beide Winkelstücke, wo es mit dem Hammer bearbeitet wird.

Rohrbieger

Mit dem handbetriebenen hydraulischen Rohrbieger werden Rohre durch Druck gebogen. Es gibt unterschiedliche Biegeformen für die verschiedenen Rohrdurchmesser. Auf diese Weise wird verhindert, dass an den Krümmungen wegen des Drucks Falten entstehen.

◄ Windeisen, U-förmige Lehren.

► Biegegabeln.

► Biegetisch.

► Rohrbieger mit Biegeformen.

Rundbiegemaschine

Diese Maschine hat drei äußerst biegestei-fe Stahlwalzen und eine Kurbel, deren Dreh-bewegung über Zahnräder an den Enden der Walzen auf diese übertragen wird.

Dünne Bleche mit einer Stärke von bis zu 1,5 mm kann man damit biegen; auch Rund-stäbe bis zu einem Durchmesser von 10 mm werden mithilfe der Nuten am Ende der Wal-zen bearbeitet.

Schwenkbiegemaschine

Sie wird auch »Abkantmaschine« genannt, weil man darauf Bleche bis 1,5 mm Stärke in einem bestimmten Winkel abkanten kann. Sie hat zwei auf einem Untergestell ange-brachte, wie Klemmbacken arbeitende Wan-genschienen, in die das Blech mithilfe einer Kurbel eingespannt wird. Eine dritte bewegli-che Schiene drückt über Hebel und ein Ge-gengewicht das Blech in den gewünschten Winkel.

Profilbiegemaschine

Dies ist eine Maschine zum Biegen und Abkanten von Rund- und Flachprofilen. Sie besteht aus einem stabilen Stahlsockel, in den das zu bearbeitende Profil eingelegt wird, so-wie aus einem beweglichen Arm, der durch die Drehung über eine Achse das Werkstück im entsprechenden Winkel abkantet oder rund biegt. Betrieben wird die Maschine mit einem Hebel.

Spezialeinsätze

Spezialeinsätze für die Profilbiegemaschi-ne ermöglichen das Formen bestimmter Run-dungen und Spiralen.

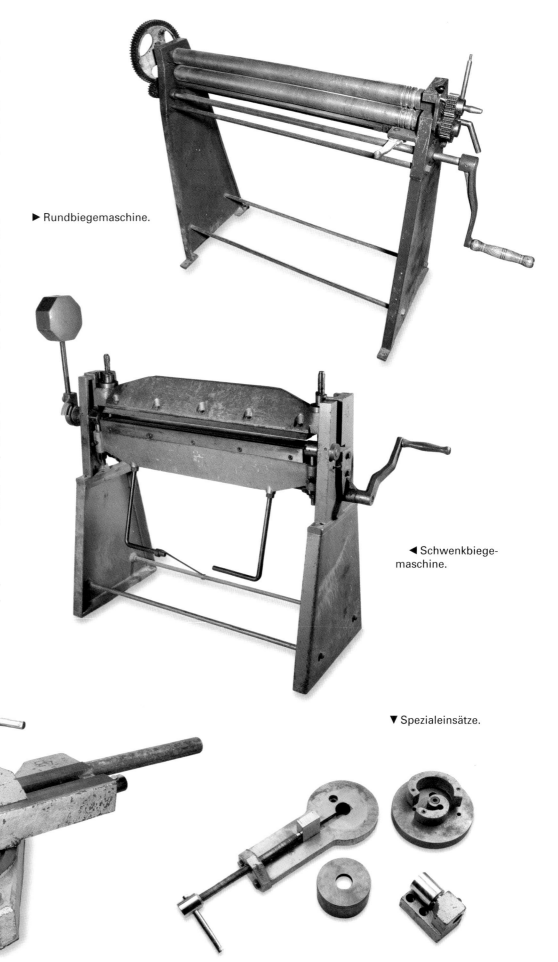

▶ Rundbiegemaschine.

◀ Schwenkbiege-maschine.

▼ Profilbiegemaschine.

▼ Spezialeinsätze.

Bohren und Trennen

Bohren

Um in ein Werkstück zylindrische Löcher einzuarbeiten, benötigt man einen Bohrer und Bohraufsätze. Die Drehbewegung des Bohrers wird auf einen Bohreinsatz übertragen und dieser damit immer tiefer in das Werkstück getrieben.

Bei der Arbeit mit einer Bohrmaschine sollten Sie immer eine Schutzbrille tragen!

Spiralbohrer

Spiralbohrer sind Rundstäbe aus gehärtetem Stahl mit unterschiedlichem Durchmesser. Sie sind mit zwei schraubenförmigen Rillen versehen, damit die anfallenden Bohrspäne nach oben gelangen können. An einem Ende des Spiralbohrers befindet sich eine konisch geformte Spitze mit zwei Bohrmessern. Sie sind in einem bestimmten Winkel, meist 118°, zueinander angeordnet, der für die Bohrung bestimmend ist. Allgemein kann man sagen, je härter und zäher das zu bohrende Material ist, desto größer muss der Winkel zwischen den beiden Bohrmessern sein.

Bohrkränze

Es handelt sich dabei um Bohraufsätze aus gehärtetem Stahl, die für das Bohren von runden Löchern mit einem Durchmesser von meist 14 bis 83 mm gebraucht werden. Bohrkränze besitzen eine gezahnte Schnittkante, mithilfe derer die runden Bohrungen erfolgen. Der Bohreinsatz, auf dem der Bohrkranz angebracht wird, markiert immer die Mitte der Bohrung und hält den Abstand zwischen Bohrkranz und Mitte konstant.

Handbohrmaschine

Sie wird kurz »Bohrmaschine« genannt und verfügt über einen Elektromotor, dessen Drehbewegung auf das Bohrfutter übertragen wird. In dieses Bohrfutter werden die Bohreinsätze oder Bohrkränze eingesetzt und fest darin verankert. Die Bohrmaschine muss mittig aufgesetzt, gut festgehalten und angedrückt werden, damit sie während des Bohrvorgangs nicht ausbricht.

Säulenbohrmaschine

Diese Bohrmaschine eignet sich für besonders exakte Bohrungen. Das Aufsetzen und die Führung des Bohrers erfolgen hier mechanisch über einen Hebel, ein angeschlossener Mechanismus lässt das Bohrfutter geradlinig und mit großer Genauigkeit absinken. Die Säulenbohrmaschine hat einen beweglichen Arbeitstisch, der entlang der Ständersäule mit einer Kurbel, Zahnrädern und einer Zahlleiste nach oben oder unter verschoben werden kann. Er lässt sich auch um die Säule drehen und kann in jeder beliebigen Position arretiert werden. Ebenso kann die Drehzahl des Bohrers und damit dessen Geschwindigkeit genau eingestellt werden.

Drehzahl (U/min)

Sie gibt die Anzahl der Umdrehungen an, die eine Maschine pro Minute auf den Bohrer übertragen kann. Die Drehzahl muss an den gewünschten Lochdurchmesser und das zu bohrende Material angepasst werden. Auf der folgenden Seite findet sich eine Aufstellung der unterschiedlichen Drehzahlen für die verschiedenen Metalle und Durchmesser.

▲ Spiralbohrer.

▲ Bohrkränze.

▶ Handbohrmaschine.

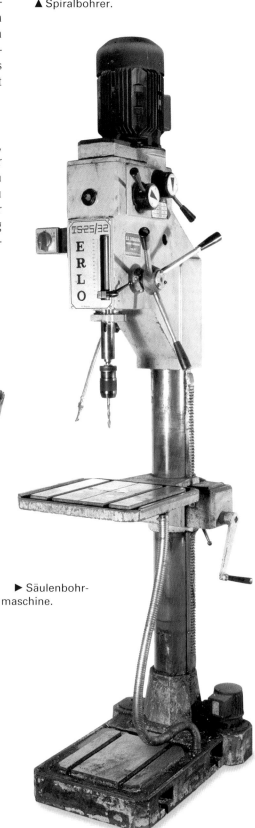

▶ Säulenbohrmaschine.

RICHTWERTE FÜR DIE UMDREHUNGEN
PRO MINUTE BEIM BOHREN VON METALL

METALL	⌀ in mm	U/min
Weicher, unlegier-	2	3000
ter Stahl, Alumi-	5	1600
nium, Blei, Zink	10	650
	15	425
	20	300
	50	125
halbfester Stahl	2	2300
und Bronze	5	900
	10	450
	15	300
	20	225
	50	90
Flussstahl, rost-	2	1600
freier Stahl, Guss-	5	650
eisen, Messing	10	325
	15	200
	20	150
	50	65

Spanloses Trennen

Hier handelt es sich um ein sauberes Trennen, das man mit scharfen Schneidwerkzeu-
gen durchführt und bei dem die Fasern des
Metalls durchtrennt werden. Als Werkzeuge
stehen unterschiedliche Meißel und Nuteisen
für ein Durchtrennen mit einem Schlag sowie
verschiedene Blech- und Metallscheren zur
Verfügung, mit denen das Durchtrennen zwischen zwei Schneiden erfolgt. Es empfiehlt
sich, bei diesen Arbeiten Lederhandschuhe
zu tragen, um Schnittverletzungen zu vermeiden.

Meißel und Nuteisen

Meißel, auch »Kaltmeißel« genannt, sind
Trennwerkzeuge aus Hartstahl mit einer gehärteten, keilförmigen Finne. Es gibt sie in unterschiedlichen Größen und Ausführungen.
Nuteisen sind eine Sonderform der Meißel
und haben eine schräg verlaufende Schnittkante. Die Schnittlänge kann damit kürzer
bleiben als beim Meißel, sodass sich Auskeh-
lungen und Rillen gut arbeiten lassen.

Blechschere

Mit einer Blechschere kann man Bleche bis
zu einer Stärke von 1,5 mm schneiden. Einige
Scheren haben gerade Schneiden, mit denen
außer geraden Linien auch größere Bögen geschnitten werden können. Für engere Bögen
bieten sich Scheren mit gekrümmten Schneiden an.

Hebelschere

Ein robustes Werkzeug, mit dem sich grobe Bleche und Flacheisen, sogar einige Profile wie T-, Winkel- oder Rundprofile schneiden
lassen. Der Schnitt erfolgt mit einem Hebel-
arm und einem Übertragungsmechanismus,
der die Kraft am Hebel vervielfacht; sie wird
umso größer, je länger der Hebel ist.

Elektroblechschere

Dies ist ein Handgerät mit einem Elektromotor, der eine Hin- und Herbewegung auf
kleine Messer aus gehärtetem Stahl überträgt.
Damit lassen sich gerade und runde Schnitte
bei Blechen bis zu einer Stärke von 2,5 mm
durchführen.

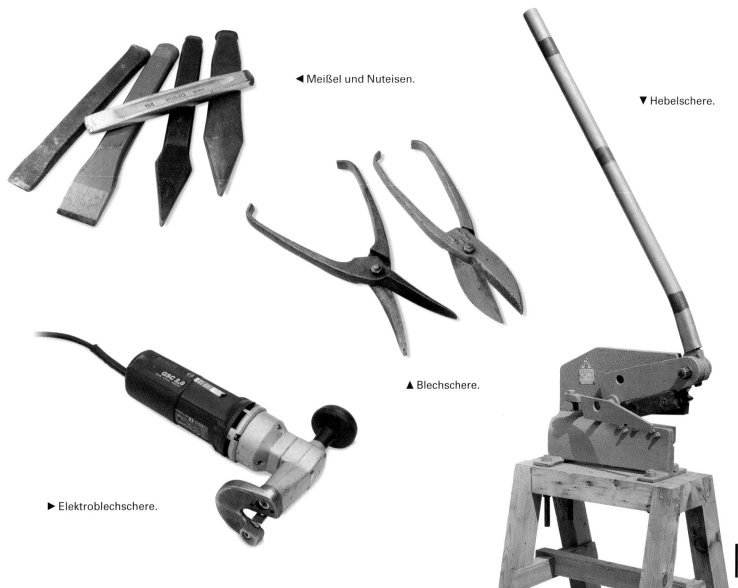

◄ Meißel und Nuteisen.

▼ Hebelschere.

▲ Blechschere.

► Elektroblechschere.

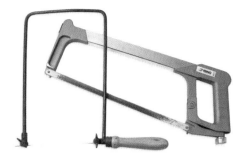

▲ Bügelsägen.

▲ Stichsäge.

▼ Schleifmaschinen.

Trennen mit Spänen

Beim Trennen sowohl mit der Handsäge als auch mit der Sägemaschine fallen kleine Metallteile an, die so genannten Späne. Es entstehen dabei keine Verformungen des Metalls, der Schnitt ist sauber und perfekt. Beispielhaft seien hier für diesen Arbeitsvorgang folgende Werkzeuge und Maschinen genannt: Bügelsäge, Stichsäge, Bandsäge, Metallkreissäge und Schleifmaschine. Bei der Arbeit mit diesen Geräten ist es wichtig, eine Schutzbrille oder einen transparenten Gesichtsschutz zu tragen, damit keine abspringenden Metallteile die Augen verletzen können. Es empfiehlt sich auch einen Gehörschutz zu tragen.

Bügelsäge

Sie wird auch »Handsäge« genannt und besteht aus einem Stahlbügel, zwischen dessen Enden ein Sägeblatt, ein dünnes, biegsames, gezahntes Stahlblech, gespannt ist. Die Spannung wird durch zwei Flügelschrauben an den Enden des Bogens reguliert. Für Innenschnitte nimmt man die Laubsäge oder eine Dekupiersäge, deren Sägeblatt dünner ist.

Stichsäge

Die elektrische Stichsäge ist tragbar. Man kann mit ihr schnell gerade und runde Sägeschnitte ausführen. Ein Elektromotor überträgt die Motorbewegung elliptisch auf ein Sägeblatt, das fest an der Hubstange verankert ist. Die Geschwindigkeit und die Exzentrizität der Bewegung des Sägeblatts lässt sich variieren, um bei geraden Schnitten beschleunigen und bei Bögen langsamer werden zu können. Es empfiehlt sich, bei dieser Arbeit stets eine Schutzbrille zu tragen.

Bandsäge

Die Bandsäge ist eine auf der Werkbank verankerte Elektrosäge, mit der durchgehende Sägeschnitte möglich sind. Ein Elektromotor überträgt die Bewegung auf eine der beiden Bandsägerollen, die schräg zur Sägeachse angeordnet sind und über denen das Endlossägeband angebracht ist. Die Geschwindigkeit des Bandes kann je nach zu bearbeitendem Metall individuell eingestellt werden. Es sind Schnittwinkel zwischen 45 und 90° möglich.

Metallkreissäge

Diese Säge arbeitet mit einer gezahnten Trennscheibe, die an einen Elektromotor angeschlossen ist. Der Aufbau ist fest mit einem Schraubstock verbunden, in den die zu trennenden Teile eingespannt werden. Diese Säge hat einen Tank, von dem aus Kühlflüssigkeit und Schmiermittel auf die Scheibe geführt wird, damit sie nicht heißläuft und die Schnittqualität gut wird. Mit Metallkreissägen sind gerade und abgewinkelte Schnitte möglich.

Schleifmaschine

Diese tragbare Maschine, auch »Flex« genannt, arbeitet mit sehr hohen Drehzahlen von 6000 bis 10 000 Umdrehungen pro Minute. Man setzt hier Trenn- oder Schleifscheiben ein, die sich abnutzen und ersetzt werden müssen. Bei der Bearbeitung des Metalls mit einer Flex entstehen Funken. Daher niemals ohne Schutzbrille und Handschuhe arbeiten!

◄ Bandsäge.   ► Metallkreissäge.

Weitere Trennarbeiten

Im Folgenden werden weitere Möglichkeiten des Trennens erklärt. Thermisches Schneiden von Metall erfolgt durch Verbrennen des Stahls oder Ionisierung bestimmter Gase mit Elektrizität. Es handelt sich um das **Brennschneiden** und das **Plasmaschmelzschneiden**.

Die für das Brennschneiden von Stahl erforderliche Autogenanlage besteht aus zwei Gasflaschen; eine ist mit Acetylen oder Propangas gefüllt, die andere mit Sauerstoff. Dazu gehört ein Schneideinsatz mit Düse.

Für das Plasmaschmelzschneiden benötigt man einen Hochfrequenzgenerator und einen Kompressor für die Luftzufuhr.

Niemals ohne Schutzbrille, Lederschürze und Lederhandschuhe arbeiten!

Gasflaschen

Gasflaschen sind zylindrische Stahlbehälter, in denen sich das unter Druck stehende Gas befindet. Oben an der Gasflasche befindet sich ein Ventil zum Öffnen und Schließen. An dieses Ventil werden Druckminderer angeschlossen, die zur Regulierung des Gasdrucks im Inneren (Vordruck) auf einen für die Arbeit geeigneten Druck (Hinterdruck) dienen. Auf einem Manometer kann der Flascheninhaltsdruck und auf dem anderen der Arbeitsdruck abgelesen werden. Für jedes Gas gibt es einen anderen Druckminderer; sie dürfen nicht vertauscht werden.

Die Farbkennzeichnung der Gasflaschen, genauer der Flaschenschultern, ist international geregelt, sodass an der Farbe der Schulter der Inhalt erkennbar ist. Bei der Sauerstoffflasche ist nach Euro-Norm, die ab 2006 verbindlich ist, die Kennfarbe weiß/blau (weiß für medizinische Verwendung), bei Acetylenflaschen wurde sie europaweit auf Kastanienbraun festgelegt. Die unter Druck stehenden Gasflaschen müssen immer mit größter Vorsicht behandelt werden und mit Ketten an der Wand oder auf dem Flaschenwagen verankert sein.

Schneideinsatz mit Schneiddüse

Der Schneideinsatz aus Messing hat ein Griffstück, an dem sich drei Ventile befinden: je eines zur Regulierung der beiden Gase und ein drittes für das Zuführen von zusätzlichem Sauerstoff, der für das Brennschneiden notwendig ist. Zwischen Schläuchen und Schneideinsatz befindet sich ein Rücktrittventil, das ein Zurückschlagen der Flammen in die Schläuche verhindert.

Plasmaschmelzschneiden

Für das Plasmaschmelzschneiden benötigt man einen Hochfrequenzgenerator, mit dem elektronisch ein Lichtbogen zwischen der Schneiddüse und der Masseklemme erzeugt wird.

An der Vorderseite befindet sich eine Druckanzeige für die austretende Luft, ohne die kein Plasma entstehen kann. Außerdem gibt es einen Regler, mit dem sich die Stromstärke von 10 bis 60 Ampere einstellen lässt.

Kompressor

In einem Kompressor wird Druckluft erzeugt, die dem Schneideinsatz zugeführt wird und für den Plasmastrahl sorgt.

▲ Plasmaschmelzschneidgerät.

◄ Rückseite des Plasmaschmelzschneiders mit dem Stromschalter sowie dem Durchflussmesser für die Luft.

▶ Schneiddüse für das Plasmaschmelzschneiden und Masseklemme.

▲ Vorschriftsgemäß verankerte Sauerstoffflasche (links) und Acetylflasche.

▶ Schneideinsatz an Ständer.

▶ Fahrbarer Druckluftkompressor.

Geräte für das Löten und Schweißen

Geräte für das Weichlöten

Für das Weichlöten verwendet man als Lot Metalle mit einem Schmelzpunkt unter 425 °C. Sowohl beim Weichlöten wie auch bei anderen Techniken des Lötens und Schweißens gilt es, Verbrennungen zu verhindern, die durch Hautkontakt mit den Werkstücken und Arbeitsgeräten entstehen können.

Lötlampe und Lötkolben

Sie dienen dazu, das Metall auf die benötigte Temperatur zu erwärmen, damit das Lot schmilzt und die Lötnaht entsteht. Die Wärme wird entweder durch einen elektrischen Widerstand oder durch eine Flamme erzeugt.

▲ Lötlampe und Lötkolben.

▼ Autogenanlage.

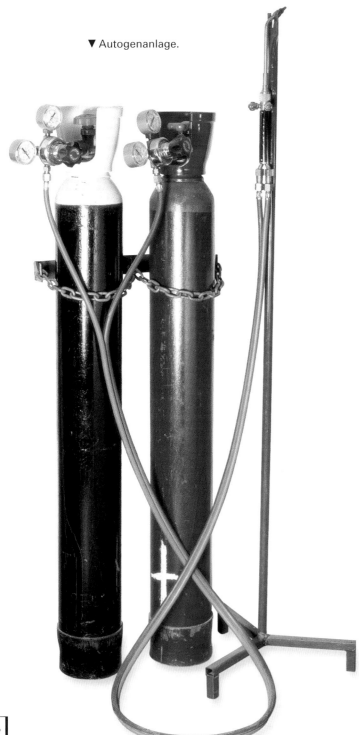

Geräte für das Hartlöten

Zum Hartlöten benötigt man eine Autogenanlage. Bei dieser Technik werden Metalle mit einer Schmelztemperatur über 425 °C als Lot verwendet. Die Energie für diese Technik wird durch die Verbrennung eines Gasgemisches erzeugt, meist besteht dies aus Acetylen und Sauerstoff, zuweilen auch aus Propangas und Sauerstoff.

Aus Sicherheitsgründen müssen die Gasflaschen mit Ketten an der Wand oder an dem Flaschenwagen befestigt sein, damit sie nicht plötzlich umfallen. Darüber hinaus sollte man bei Verwendung einer Autogenanlage auf jeden Fall einen Augenschutz, Handschuhe sowie eine Schürze aus Leder tragen, um Verletzungen vorzubeugen.

Die Autogenanlage

Man benötigt für diese Anlage zwei Gasflaschen, in denen sich unter Druck stehendes Gas (Acetylen und Sauerstoff) befindet, zwei Druckminderer mit Druckanzeige, an denen sich der für die Arbeit erforderliche Druck einstellen lässt, Schläuche, in denen das Gas von den Flaschen zum Brennereinsatz gelangt, sowie einen Brennereinsatz für das Mischen der Gase und für ihre Verbrennung.

Verschlussventile und Druckminderer

Die Druckanzeigen geben die Höhe des Drucks an; auf dem Inhaltsmanometer ist der Druck in der Flasche abzulesen, auf dem Arbeitsmanometer der jeweils aktuelle Arbeitsdruck.

Brennerhandgriff mit Brennereinsatz

Der Brennerhandgriff ist mit zwei Absperrventilen versehen, mit denen sich die Gaszuleitung zum Brenner regulieren lässt. Am Ende des Brenners befindet sich die Düse.

Arbeitstisch

Er hat eine feuerfeste Oberfläche aus Ziegelsteinen, auf die die beiden zu verbindenden Metalle gelegt werden.

Schutzbrille und Schutzschild

Sie schützen die Augen vor grellem Licht und vor umherschleudernden Metallstückchen.

▲ Verschlussventile und Druckminderer.

▼ Arbeitstisch.

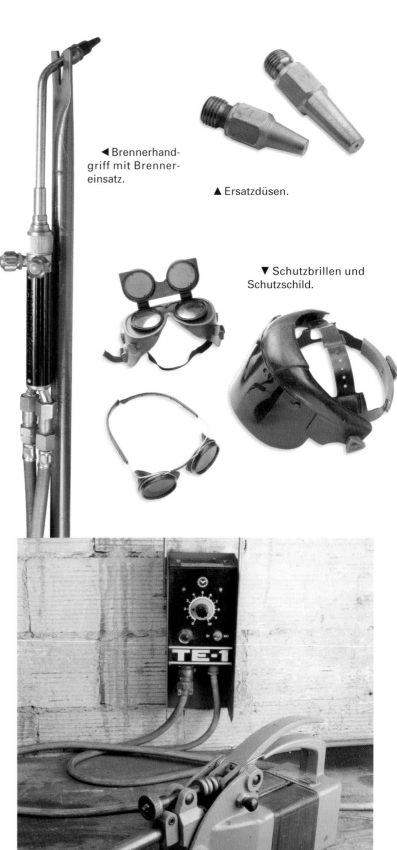

◄ Brennerhand-griff mit Brenner-einsatz.

▲ Ersatzdüsen.

▼ Schutzbrillen und Schutzschild.

Widerstandspressschweißen

Beim Widerstandspressschweißen, zu dem auch die Technik des Punkt-schweißens zählt, werden zwei sich überlappende Metallteile mit Hilfe von Strom erwärmt und dann mit Druck verschweißt. Dieses Verfah-ren ist für die Industrie von großer Bedeutung, da es sich für die Mas-senproduktion gut eignet.

Punktschweißen

Für das Punktschweißen benötigt man einen Transformator, der die Netzspannung herabsetzt, und einen Timer, der die Dauer des Strom-flusses entsprechend der Stärke der zu verschweißenden Metalle regelt. An dem einen Ende des Transformators befinden sich zwei Kupfer-arme mit jeweils einer kupfernen Elektrode. Die zu verschweißenden Metalle werden zwischen den Elektroden platziert und von ihnen zu-sammengepresst. Entsprechend der voreingestellten Zeit fließt der Strom durch die Elektroden und fügt die Werkstücke zusammen.

► Punktschweißgerät.

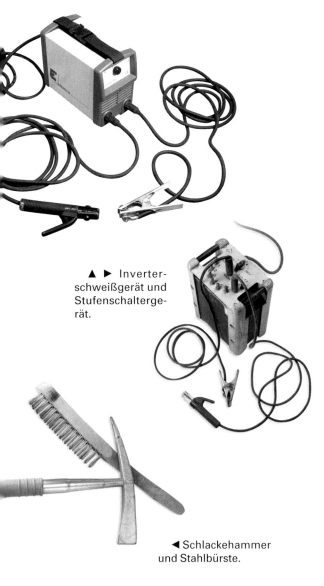

▲ ▶ Inverter-
schweißgerät und
Stufenschalterge-
rät.

◀ Schlackehammer
und Stahlbürste.

▼ Elektrodenhalter und Masseklemme.

▼ Schutzschilde
zum Schweißen.

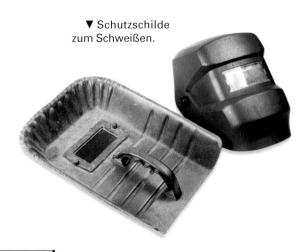

Geräte für das Elektroden-schweißen

Das Elektrodenschweißen ist die verbreitetste Schweißmethode bei Metallen. Man kann damit gleiche oder unterschiedliche Metalle verbinden, indem man die Hitze nutzt, die durch einen zwischen der abschmelzenden Elektrode und dem Werkstück entstehenden Lichtbogen erzeugt wird. Die Elektrode selbst geht beim Schweißen in das Schweißbad über. Probleme und Gefahren bei dieser Technik können sowohl aufgrund des Einsatzes von Strom als auch durch Verbrennungen entstehen. Es ist sehr wichtig, Augen und Gesicht vor der UV-Strahlung und vor abspringenden Metallteilen durch einen Schild zu schützen. Ebenfalls sollte man Handschuhe und eine Schürze aus Leder sowie isolierende Sicherheitsschuhe tragen. Vor dem Schweißen sollte der gesamte Körper bedeckt werden.

Stufenschaltergerät und Inverterschweißgerät

Für das Elektrodenschweißen benötigt man Transformatoren, die die Netzspannung in Gleich- oder Wechselstrom mit geringer Spannung umwandeln und die Stromstärke den Arbeiten anpassen können. Das Stufenschaltergerät ist ein Transformator für Wechselstrom, bei dem die Arbeitsspannung über einen Schalter auf dem Gerät regulierbar ist. Das Inverterschweißgerät ist ein Frequenzwandler.

An diese beiden Geräte sind die für den Schweißzyklus notwendigen Elemente angeschlossen: Elektrodenhalter und Masseklemme.

Elektrodenhalter und Masseklemme

Der Elektrodenhalter besteht aus einem hohlen Unterteil mit Isolierschalen aus Glasfasern sowie einem isolierten Griffoberteil, mit dem sich die Kupferbacken bewegen lassen. Über sie wird der Elektrodenstab mit dem Strom verbunden. Mit der Masseklemme wird das Massekabel an dem zu verschweißenden Werkstück angeschlossen.

Schlackehammer und Stahlbürste

Diese Werkzeuge benötigt man, um die zusammengeschweißten Teile zu reinigen. Der Schlackehammer hat eine gehärtete Finne. Mit ihm schlägt man die beim Elektrodenschweißen entstandene Schlacke ab. Mit der Stahlbürste werden letzte Schlackereste abgerieben. Beim Arbeiten mit diesen beiden Werkzeugen empfiehlt es sich, eine Schutzbrille zu tragen.

Schutzschilde

Sie schützen das Gesicht und müssen beim Schweißen unbedingt getragen werden, um Verletzungen und Verbrennungen von Augen und Gesicht zu vermeiden.

Das wichtigste Element eines Schutzschildes für das Schweißen ist das Sichtfenster aus nicht aktinischem Glas, das die Helligkeit des Lichtes absenkt und Strahlungen des elektrischen Lichtbogens filtert. Bei einigen Schilden wird die Schutzwirkung des Glases elektronisch gesteuert, was die Schweißarbeit erleichtert.

Geräte für das Schutzgas-schweißen MIG und MAG

Beide Formen des Schutzgasschweißens MIG (Metall-Inert-Gas-Schweißen) und MAG (Metall-Aktiv-Gas-Schweißen) sind ebenfalls elektrische Lichtbogenschweißverfahren und wegen der leichten Handhabung bequem in der Anwendung. Man könnte sie auch »halbautomatisches Schweißen« nennen, denn die Elektrode, eine Endlosdrahtelektrode, wird beim Schweißen kontinuierlich vom Schweißgerät nachgeführt. Die Verwendung von Schutzgas in Form von Argon (bei MIG) oder Kohlendioxid bzw. von Mischgasen (bei MAG) ist ein weiteres Kennzeichen dieses Verfahrens. Notwendig sind auch hier besondere Schutzmaßnahmen (spezieller Gesichtsschutz, Handschuhe und Schürze aus Leder), darüber hinaus sollte der gesamte Körper beim Schweißen immer bedeckt sein.

Das Schutzgasschweißgerät

Meistens benötigt man ein Gleichrichterschweißgerät bzw. einen Generator, der die für das Schmelzen der Drahtelektrode notwendige Spannung ohne zu große Schwankungen in der Lichtbogenlänge erzeugt. Das Schutzgas befindet sich in Gasflaschen, deren Inhalt man an der entsprechenden Farbkennzeichnung erkennt. Ein Druckminderer regelt die Gaszufuhr für das Schweißen. Im vorderen Teil des Brennerhandgriffs lassen sich die Geschwindigkeit des Drahtvorschubs, Stromstärke und die Schweißart (normal, punktieren, Intervall- und Punktschweißen) einstellen.

Drahtrolle und Drahtfördereinrichtung

Die Rolle mit dem Metalldraht befindet sich in oder am Schweißgerät und kann sich frei drehen. Der Draht läuft über die Rollen der Fördereinrichtung, die durch Betätigung des Schalters am Brennerhandgriff in Gang gesetzt wird.

Brennerhandgriff

Er besteht aus einem pistolenförmigen, isolierten, wärmegedämmten Griff, durch den alle Zuleitungen (Schlauch für das Schutzgas und Draht) verlaufen und zur Düse geführt werden. Diese führt das Gas zur Schweißstelle, die es zu schützen gilt. Der Draht wird in einem Kontaktrohr aus Kupfer zur gleichen Stelle geführt; in diesem Rohr fließt der Strom durch den Kontakt zum Steuerkabel. Mit einem Schalter am Brennerhandgriff können die Stromzufuhr, das Nachführen des Drahtes sowie die Schutzgaszufuhr aktiviert werden.

WIG-Schweißen

Das Wolfram-Inertgas-Schweißen (WIG), auch »Tungsten-Inertgas-Schweißen« (TIG) genannt, diente zunächst vor allem der Verbindung von rostfreiem Stahl und anderen schwer zu schweißenden Metallen. Mit der Zeit hat sich das Verfahren zu einer Schweißmethode für alle Arten von Metall entwickelt. Seine Besonderheit liegt in der Verwendung einer Wolfram-Elektrode, die praktisch nicht schmilzt und mit der kein zusätzliches Material beim Schweißen aufgebracht, sondern ein Lichtbogen erzeugt wird. Der Lichtbogen ist unter Schutzgas, meist reinem Argon, sehr stabil. Mit diesem Verfahren lassen sich fast alle industriell verarbeiteten Metalle schweißen. Es entwickelt sich dabei kein Rauch und es entstehen keine Absplitterungen.

Sehr wichtig sind auch hier die Schutzvorkehrungen, um Verletzungen von Augen und Haut zu vermeiden.

WIG-Gleichstrom-Schweißgerät

Das Inverterschweißgerät ist ein Frequenzwandler. Er wandelt den Netzstrom in eine für das Schweißen optimale Frequenz. Mit einem Schalter lässt sich die Stromstärke (in Ampere) je nach zu bearbeitendem Metall regulieren. An das Schweißgerät sind das Massekabel und der Schweißbrenner angeschlossen. Das rechts abgebildete Gerät reguliert die Zufuhr des Gases nicht, dieses gelangt direkt aus der Gasflasche zum Brenner. Bei anderen WIG-Geräten dagegen wird die Zufuhr des Gases auch von der Maschine gesteuert.

Schweißbrenner

Am Kopf des Brenners ist die Wolfram-Elektrode angebracht; an seinem Ende befindet sich eine feuerfeste Keramikdüse für die Verteilung des Schutzgases. Über den Brenner wird die Gaszufuhr zur Schweißnaht reguliert und über ihn ist die Elektrode mit dem Stromkabel verbunden.

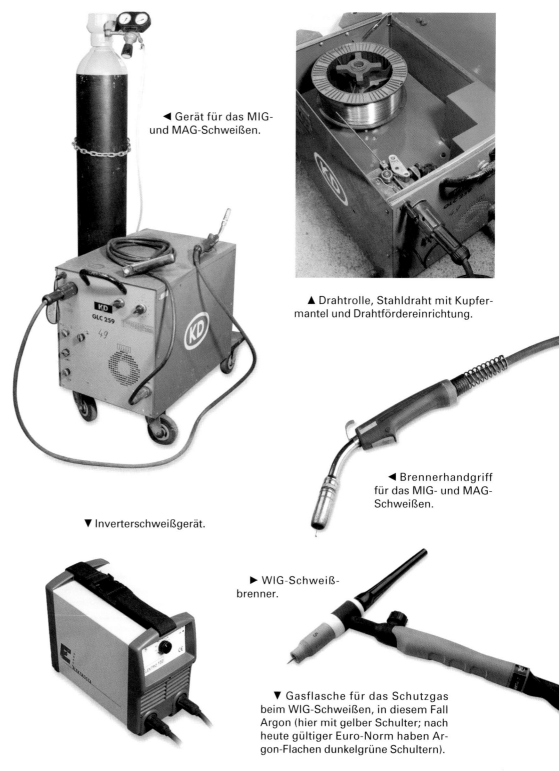

◄ Gerät für das MIG- und MAG-Schweißen.

▲ Drahtrolle, Stahldraht mit Kupfermantel und Drahtfördereinrichtung.

◄ Brennerhandgriff für das MIG- und MAG-Schweißen.

▼ Inverterschweißgerät.

► WIG-Schweißbrenner.

▼ Gasflasche für das Schutzgas beim WIG-Schweißen, in diesem Fall Argon (hier mit gelber Schulter; nach heute gültiger Euro-Norm haben Argon-Flachen dunkelgrüne Schultern).

Gasflasche

Als Schutzgas für den Lichtbogen beim WIG-Schweißen wird reines (99,9%iges) Argon verwendet. Die Gasflasche mit reinem Argon hat nach heute gültiger Euro-Norm eine dunkelgrüne Flaschenschulter und einen grauen oder dunkelgrünen Flaschenkörper – die Farben der abgebildete Flasche entsprechen nicht mehr der heutigen Norm. Ein Druckminderer und ein Durchflussmesser regulieren die Gaszufuhr beim Schweißen.

Anlage und Werkzeuge für das Schmieden

Für das Schmieden benötigt man nur wenige Werkzeuge und Gerätschaften: einen Schmiedeherd, in dem das Metall erwärmt wird, einige Zangen zum Festhalten des warmen Werkstücks, einen Amboss und einen Hammer, mit denen das erwärmte Werkstück geformt wird, sowie einen Schmiedeschraubstock für spezielle Umformungsarbeiten. Diese Geräte und Werkzeuge werden im folgenden Abschnitt vorgestellt. Mit der Zeit schmiedet sich jeder passionierte Schmied seine Werkzeuge für seine Arbeit an einem Werkstück selbst. Auf jeden Fall ist es immer wichtig, Sicherheitskleidung (Schürze, Lederhandschuhe und Sicherheitsschuhe) zu tragen, um Verbrennungen zu vermeiden.

Fest installierte Anlagen

Schmiedeherd

Er besteht aus einer über dem Fußboden stehenden Feuerschüssel mit einer Grundfläche aus feuerfesten Ziegeln. Darin lässt man die Kohle brennen und erwärmt die Metallwerkstücke. Ein meist elektrisch betriebener Ventilator unter der Feuerstelle führt ihr konstant Luft zu, damit das Feuer nicht erlischt. Über dem Herd befindet sich die mit einem Kamin verbundene Esse, die Rauch und Gase, die bei der Verbrennung von Kohle entstehen, absaugt. Neben der Feuerstelle befindet sich der Kohlebehälter, bei manchen Schmieden ist er aus Platzgründen allerdings ausgelagert. Zur Feuerstelle gehören außerdem ein Schürhaken, um die glühenden Kohlen zusammenzuschieben, und ein Wassergefäß, damit die Kohle besprengt oder ein Teil des Werkstücks abgekühlt werden kann.

Werkzeuge

Amboss

Der Amboss ist das bekannteste Gerät aus der Metallwerkstatt und der Schmiede. Dieses unverzichtbare Gerät besteht aus einem massiven Metallblock, an dessen Oberseite eine Bahn aus gehärtetem Stahl angeschweißt ist, auf der die eigentliche Bearbeitung eines Werkstücks mit Hammerschlägen ausgeführt wird. In diese Bahn, das Herzstück des Ambosses, sind zwei Löcher eingelassen, in die Gesenke und andere Werkzeuge eingesteckt werden können und an denen sich Stanzarbeiten durchführen lassen. An den Schmalseiten befinden sich die typischen so genannten Hörner, eines konisch oder rund und das andere quadratisch oder pyramidenförmig. Über ihnen kann das Metall gespitzt, gebogen oder abgekantet werden.

▲ Schmiedeherd.

Ein Amboss steht auf einem robusten, stabilen Klotz, meist aus Eichenholz, der die Hammerschläge aufnimmt.

Treibhammer und Pinnhammer

Dies sind sehr nützliche Werkzeuge für das Kalt- und Warmformen von Metall. Beide werden meist auch beim Schmieden verwendet. Der Treibhammer hat eine fast kugelförmige Bahn, der Pinnhammer eine abgerundete Finne. Ihr Gewicht schwankt je nach Arbeitsanforderung zwischen 500 und 2000 Gramm.

Schmiedeschraubstock

Ein Schmiedeschraubstock oder »Zangenschraubstock«, ist das am meisten verwendete Einspannwerkzeug beim Schmieden. Es ist ein robustes Gerät, auch für schwere Arbeiten geeignet. Da es aus geschmiedetem und gehärtetem Stahl besteht, hält es starker Beanspruchung stand.

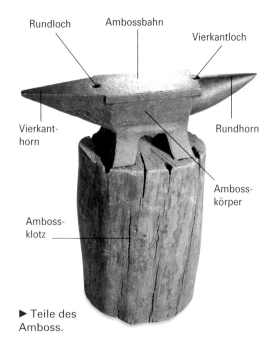

Rundloch   Ambossbahn   Vierkantloch

Vierkanthorn   Rundhorn

Ambosskörper

Ambossklotz

▶ Teile des Amboss.

▲ Schmiedeschraubstöcke.

► Schmiede-
zangen.

▲ Pinnhammer und Treibhammer.

Der Schmiedeschraubstock hat eine bewegliche Klemmbacke, die man durch Drehen einer Spindel an die feste Klemmbacke führt. Die Drehbewegung der Spindel wird im unteren Teil des Schraubstocks über einen Zapfen umgesetzt. Die Halteflächen der Klemmbacken sind nicht parallel angeordnet, da sich die Werkstücke bei großem Abstand der Backen besser einsetzen lassen. Meist wird ein Schmiedeschraubstock am Fuß einer Arbeitsbank mit Schrauben und Schellen verankert. Manchmal werden aber auch eigenwillige Konstruktionen entwickelt, um genug Arbeitsraum um die Schraubstöcke zu erhalten, was die Arbeit mit großen Werkstücken erleichtert.

Feuerzangen

Um beim Schmieden mit erwärmten Werkstücken hantieren zu können, sind Spezialzangen nötig; damit lassen sich die Werkstücke ins Feuer halten, drehen oder aus den glühenden Kohlen holen. Auch bei der Bearbeitung auf dem Amboss, wenn das Werkstück noch warm ist oder wegen seiner Größe nicht in den Händen gehalten werden kann, sind Zangen nützlich. Sie bestehen aus zwei um einen Stift (Zangenauge) gelenkig gelagerte Teile, so dass das Werkzeug in zwei Bereiche gegliedert wird: die Griffe oder Schenkel, an denen man die Zange hält, und die Greifer, »Klemmbacken« oder »Maul« genannt. Die Greifer können sehr verschieden geformt sein und sollten sich optimal an die Form des Werkstücks anpassen, um es beim Schmieden fest zu halten. Die Griffe können flach, rund, gekehlt, gewinkelt oder kastenförmig sein.

Nachbearbeitung

Feilen

M it Feilen lassen sich Kanten und Grate, die beim Trennen entstanden sind, entfernen. Wegen der vielen unterschiedlichen Formen von Feilen können die Werkstücke individuell bearbeitet und Oberflächen geebnet werden. Feilen bestehen aus einem Feileinsatz aus gehärtetem Stahl mit Holzgriff. Auf der Stahlfläche finden sich viele kleine Einkerbungen oder Hiebe, durch die das Material vom Werkstück abgetragen wird. Feilen unterscheiden sich durch Form, Länge sowie Art und Anzahl der Hiebe. Beim Feilen führt man das Werkzeug mit Druck über die Oberfläche des Werkstücks. Zunächst erfolgt der Grobschliff, für den man grobkörnige Feilen einsetzt und bei dem der Materialabtrag an den Streifen auf der Oberfläche des Werkstücks zu erkennen ist. Dann werden feinere Feilen eingesetzt, die die sichtbaren Streifen des Grobschliffs abtragen. Schließlich folgt der Feinschliff oder das Polieren; dazu führt man die Feile sanft über das Werkstück.

▲ Ein reichhaltiges Sortiment unterschiedlicher Feilen wird in der Metallwerkstatt benötigt.

FEILENQUERSCHNITTE

| Dreikant | Vierkant | flach | Messerfeile | Halbrund | rund |

◄ Beispiele für grobe und feine Flachfeilen.

▼ Richtige Haltung beim Feilen.

Die richtige Haltung beim Feilen

Beim Feilen liegt der runde Teil des Feilenhandgriffs in der einen Hand und mit der anderen greift man das obere Ende der Feile. Auf diese Weise wird ein gleichmäßiger Druck auf die Feile ausgeübt. Der Abtrag des Materials vollzieht sich bei der Vorwärtsbewegung. Beim Zurückziehen darf nur minimal Druck ausgeübt werden, damit möglichst wenig Reibung entsteht. Der Körper sollte bei der Vorwärtsbewegung mitgehen, damit die Arme nicht frühzeitig ermüden.

Schleifmaschinen und ihre Aufsätze

Das Schleifen und Polieren zur Endbearbeitung von Metalloberflächen erfolgt von Hand oder mit Maschinen. Mit Schleifmaschinen ist man schneller, vor allem wenn größere Flächen bearbeitet werden müssen. Dagegen ist das Bearbeiten von Ecken, in die keine Maschine mehr gelangt, leichter von Hand zu erledigen. Die Aufsätze und Hilfsmittel, die in beiden Fällen verwendet werden, ähneln einander sehr und sind ihrer jeweiligen Funktion, sei es für den Handgebrauch oder für den Maschineneinsatz, angepasst.

Es gibt Arbeitsmittel zum Mattieren und Glätten polierter Oberflächen, andere dienen dem Nachschleifen und Polieren von Flächen, die grobe Arbeitsspuren aufweisen. In jedem Fall erhält das Werkstück eine schöne, für das jeweilige Schleifgerät typische Oberfläche.

Schwing- und Exzenterschleifer

Diese Handschleifmaschinen werden zum Schleifen und Mattieren ebener Oberflächen eingesetzt. Ein Elektromotor überträgt eine kreisförmige Bewegung auf die Schleifplatte, die rund oder rechteckig sein kann und auf die das Schleifmedium durch Kletthaftung aufgesetzt wird. Mit diesen Maschinen kann die Oberfläche des Metalls schonend bearbeitet werden.

Bandschleifer

Auch der Bandschleifer eignet sich für die Bearbeitung ebener Oberflächen. Der Elektromotor überträgt eine Endlosbewegung auf das Schleifband. Die Schleifwirkung ist stärker als beim Schwing- und Exzenterschleifer.

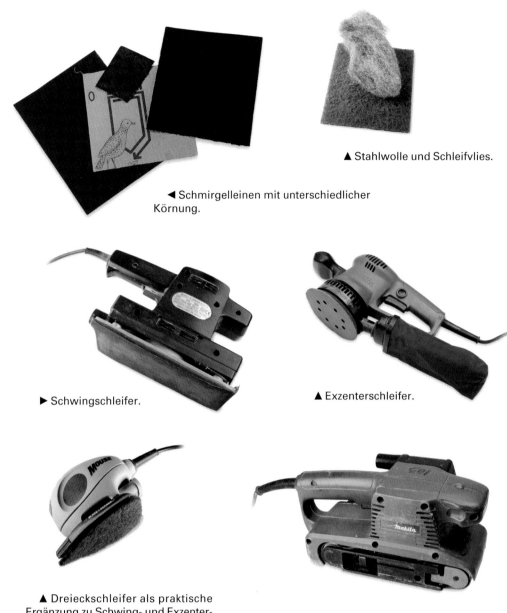

◄ Schmirgelleinen mit unterschiedlicher Körnung.

▲ Stahlwolle und Schleifvlies.

► Schwingschleifer.

▲ Exzenterschleifer.

▲ Dreieckschleifer als praktische Ergänzung zu Schwing- und Exzenterschleifer.

▲ Bandschleifer.

◄ Schleif-, Polier- und Schruppscheiben in unterschiedlicher Körnung und Stärke.

► Schleifbänder und Schleifscheiben.

▲ Polier- und Bürstenaufsätze aus Stahl und Messing für die Bohrmaschine.

Die Werkstatt: Sicherheitsempfehlungen

In der Metallwerkstatt kommen Materialien, Maschinen und Werkzeuge zum Einsatz, deren Gebrauch mit gewissen Gefahren verbunden ist. Das Wissen um diese Gefahren kann zur Unfallvermeidung beitragen. Wer informiert ist, gerät seltener in Gefahrensituationen, da er weiß, worauf zu achten ist, und alle Sicherheitssysteme nutzt.

Ordnung und Sauberkeit

Darauf sollte man in der Werkstatt besonders achten, damit der verfügbare Raum bestmöglich für das kreative Arbeiten genutzt wird und man bequem, ohne Behinderungen und mögliche Gefahren arbeiten kann.

Das Handwerkszeug, das man ständig benötigt, wie zum Beispiel Hammer, Gripzangen, Schraubenzieher, Winkel, Blechschere, sollte ordentlich an einem Werkzeugbrett hängen, sodass es immer griffbereit ist und nach Gebrauch sofort wieder an seinen Platz zurückgehängt werden kann.

Die Behälter, in denen Metallreste zwischengelagert werden, sollten ordentlich und sauber sein, um eine Wiederverwendung bei späteren Projekten zu erleichtern.

Außerdem benötigt man Platz zur Lagerung von verschiedenen Blechen und Profilen, die erst bei späteren Projekten zum Einsatz kommen werden. Das Material sollte sich nicht unübersichtlich stapeln und den Platz zustellen und es sollte nicht allzu lange aufbewahrt werden.

▲ Tonnenförmige Gefäße eignen sich sehr gut für die Aufbewahrung von Stäben und langen Profilen.

▶ Werkzeuge, die ständig in Gebrauch sind, sollten in der Nähe des Arbeitsplatzes ordentlich und griffbereit untergebracht sein.

▶ Wichtig ist in der Werkstatt auch ein Bereich für die Aufbewahrung von Blechen und Reststücken.

Bedienung der Maschinen

Für die Arbeit in einer Metallwerkstatt sind kleine, elektrisch betriebene Maschinen wie Schleifmaschinen, Bohrmaschinen oder Elektrosägen unverzichtbar. Dennoch sind gerade diese Maschinen wegen unsachgemäßer Nutzung oft die Ursache schwerer Unfälle.

Allgemein müssen beim Einsatz elektrisch betriebener Maschinen einige Vorsichtsmaßnahmen beachtet werden. Maschinen mit defektem oder beschädigtem Stromkabel dürfen niemals verwendet werden! Auch darf ein Stecker nie durch Ziehen am Kabel aus der Steckdose gezogen werden, sondern immer nur durch Ziehen des Steckers selbst. So vermeidet man Schäden im Inneren des Kabels und der Stecker kann einem nicht ins Gesicht springen.

Darüber hinaus dürfen keine elektrische Maschinen in Gang gesetzt werden, die nass geworden sind. Keinesfalls dürfen sie im Regen oder von einer Person, dessen Körper Kontakt mit Feuchtigkeit hat, betrieben werden. Bei der Benutzung sollte der Körper zum Boden hin isoliert sein.

► Neben dem festen Einspannen des Werkstücks muss man auch darauf achten, dass an den Maschinen die Schutzvorrichtungen, die vor Funkenflug schützen, korrekt angebracht sind.

◄ Werkstücke, die man durchtrennen oder entgraten will, müssen fest mit einer Schraubzwinge oder in einen Schraubstock eingespannt werden, damit sie sich nicht unkontrolliert bewegen und Unfälle verursachen.

Einspannen der Werkstücke

Bevor man ein Werkstück schneidet, schleift oder bohrt, muss man es in einem geeigneten Gerät fest einspannen. Auf diese Weise lassen sich Unfälle vermeiden, denn wegen der Stärke und der hohen Drehzahlen einiger Maschinen könnten sich die Werkstücke andernfalls plötzlich bewegen oder Teile davon abspringen.

► Fest justierte Maschinen, beispielsweise die Metallkreissäge oder die Bandsäge, haben einen integrierten Schraubstock, in den das Werkstück eingespannt wird.

Schutzkleidung

Ein sehr wichtiger Aspekt für die Arbeitssicherheit in der Werkstatt ist der direkte Körperschutz. Bei der Arbeit mit Maschinen, die schnelle Dreh- oder Hin- und Herbewegungen ausführen, können Metallteile abspringen. Sie fliegen mit großer Geschwindigkeit in unterschiedliche Richtungen und können zu mehr oder minder schweren Verletzungen führen.

Es gilt, sich bei allen Schleif- und Trennarbeiten, erfolgen sie nun mechanisch oder durch Hitze, vor solchen geschossartigen Absplitterungen zu schützen.

Absolut empfehlenswert ist das Tragen einer Lederschürze, die den Körper vor herumfliegenden Teilen schützt, seien es Späne vom Schneiden oder Schleifen oder Funken vom Schweißen oder Entgraten.

Darüber hinaus ist es nötig, bei Tätigkeiten wie dem Schweißen, Entgraten, Lichtbogenschweißen und Brennschneiden Lederhandschuhe zu tragen, um Verletzungen durch Absplitterungen oder durch Berührung noch heißer Teile zu vermeiden.

Außerdem müssen Gesicht und Augen mit einem Schutzschild mit Sichtfenster oder einer Schutzbrille vor herumfliegenden Teilen geschützt werden.

Für den Körperschutz unabdingbar sind auch Sicherheitsschuhe, die mit ihrer Stahlspitze schwere Schläge abfangen.

Schließlich ist noch der Schutz der Ohren durch Gehörschutzkapseln oder -stöpsel gegen den Lärm der Maschinen und Werkzeuge zu empfehlen.

◄ Gesichtsschutz und Schutzbrille, Lederschürze und -handschuhe, Sicherheitsschuhe.

▼ Gehörschutzpfropfen und Ohrschützer.

▼ Gesichts- und Augenschutz sowie Schutzbrillen gegen abspringende Teile.

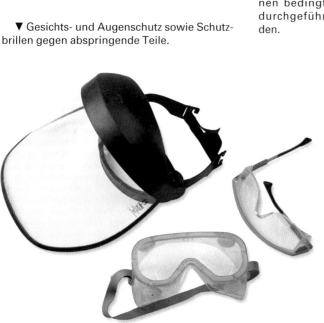

► Alle Arbeiten sollten mit dem notwendigen Körperschutz gegen Lärm und abspringende Teile, die durch den Einsatz von Maschinen bedingt sind, durchgeführt werden.

Schutzvorkehrungen beim Schweißen

Beim Betrieb von Schweißanlagen gibt es unterschiedliche Gefährdungen, die in der Stromverwendung sowie in der Gefahr von Verbrennungen, Bränden und Explosionen liegen. Außerdem sollte man sich keinesfalls der entstehenden UV-Strahlung und giftigen Dämpfen sowie Gasen aussetzen.

Zuverlässige Sicherheit gewährleisten Geräte, die in einwandfreiem Zustand sind; hierzu gehören Klemmen, die die Elektroden fest umschließen, und unbeschädigte und richtig angebrachte Kabel.

Kabel sind beim Schweißen vor Funkenflug zu schützen.

Nicht geschweißt werden sollten Metalle, die brennbare Bestandteile enthalten, um so die Brandgefahr zu vermeiden.

UV-Strahlung entsteht beim Lichtbogenschweißen; werden die Augen dieser Strahlung zu lange ausgesetzt, kann es zu irreparablen Verbrennungen der Netzhaut kommen. Es sollte unbedingt ein Gesichts- und Augenschutz mit einem Einsatz aus nicht aktinischem Glas getragen werden, das sich an der eingesetzten Stromstärke orientiert.

Die Schweißarbeiten führt man in einem möglichst gut belüfteten Raum durch, damit man die durch den Lichtbogen entstehenden Gase nicht einatmet.

Wenn man die beim Elektrodenschweißen entstandene Schlacke entfernt, ist immer eine Schutzbrille zu tragen, damit sie nicht in die Augen geraten kann.

Zum Wechseln der Elektroden sollte man immer Handschuhe tragen, um einem Stromschlag vorzubeugen.

▲ Gesichtsschild und Augenschutz mit Sichtfenstern aus nicht aktinischem Glas. Sie schützen Augen und Gesicht vor möglichen Verbrennungen durch Strahlung und UV-Licht des Lichtbogens.

▲ Schutzbrillen und Schutzschild für das Brennschneiden und das Hartlöten.

▲ Beim Lichtbogenschweißen muss man den Körper bestmöglich gegen Funkenflug und UV-Licht sowie gegen Strahlungen schützen.

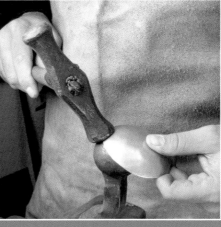

*I*m Folgenden werden einige Arbeitstechniken vorgestellt, die für die Bearbeitung von Metallen und Legierungen von grundlegender Bedeutung sind. Dabei wird bevorzugt auf solche Techniken eingegangen, die keine allzu großen Vorkenntnisse erfordern; eine Ausnahme bilden dabei das unentbehrliche Trennen und Schweißen. Ziel ist es, Techniken aufzuzeigen und zu erklären, anhand derer man mithilfe der zuvor beschriebenen Werkzeuge individuelle Objekte kreieren kann.

Es sei hier nochmals daran erinnert, dass bei der Arbeit mit Maschinen und Gasanlagen immer alle notwendigen Sicherheitsvorkehrungen getroffen werden müssen und in jedem Fall die entsprechende Schutzkleidung getragen werden soll.

Grundtechniken

Trennen

Mit dem Meißel

Metall kann man mit einem Meißel trennen; das heißt, es ist möglich, aus einem Metallstück spanlos mit einem Trennwerkzeug zwei oder mehr Teile zu machen. Das Trennen mit dem Meißel setzt man ein, um Bleche oder dünne Profile in Stücke zu teilen. Der Meißel wirkt dabei wie das bewegliche Messer der Handhebelschere, er übt Druck auf das Metall aus, das sich oberhalb der Klemmbacken des Schraubstocks befindet. Zusätzlich zum Meißel benötigt man zum Trennen noch den Hammer.

Teilen eines Blechs mit dem Meißel

▶ **1.** Spannen Sie zunächst das Blech, das geteilt werden soll, fest zwischen den Klemmbacken des Schraubstocks ein; setzen Sie dann die Schneide des Meißels leicht geneigt an dem Blech an.

▶ **2.** Das Trennen erfolgt nun, indem Sie den Meißel mit dem Hammer vorantreiben. Wichtig ist, den Meißel immer an der Oberfläche der Klemmbacken entlangzuführen, um eine gerade Schnittkante zu erzielen. Bei langen Blechstücken kann man, wenn man an das Ende der Klemmbacken gelangt, den geschnittenen Teil des Werkstücks ausspannen und das Reststück erneut einspannen. Es ist auch möglich, zwei lange Winkel mit dem Blech in den Schraubstock einzuspannen und den Schnitt in einem Arbeitsgang über die gesamte Länge des Blechs auszuführen (wie im Abschnitt »Abkanten am Schraubstock« dargestellt).

Ausschneiden mit dem Meißel

▲ **1.** Um mit dem Meißel ein Stück Blech auszuschneiden, werden zuvor Löcher in das Blech gebohrt. So können Sie die Schneide des Meißels gut ansetzen, ohne sie zu beschädigen. Ein Loch markiert den Beginn des Schnitts, ein weiteres sein Ende; es muss also mindestens zwei Löcher geben, um aus einem Blech ein Stück herausschneiden zu können.

▲ **2.** Mit Hammer und Meißel arbeiten Sie einen Schnitt zwischen den beiden Löchern, drehen dann das Werkstück und schneiden abermals. Anschließend glättet man das Blech auf dem Amboss oder über einer Platte und feilt die Ränder, damit sie wieder ganz glatt werden.

Mit einer Schere

Beim Metallschneiden gleiten zwei Messer mit scharfen Kanten aneinander vorbei. Diese Messer üben Druck auf das Blech aus, indem sie es komprimieren und ein Brechen der Fasern über Zug herbeiführen. Die Fasern werden hart, verlieren ihre Elastizität und brechen.

Als Schneidewerkzeug dienen die Handblechschere und die Hebelblechschere, die es als Tischgerät, Handgerät oder Gerät für die gewerbliche Nutzung gibt. Ihre Eignung hängt von der Metallart und seiner Stärke ab. Man verwendet zum Beispiel für sehr hartes Metall, wie rostfreien Stahl mit einer Stärke von 1,5 mm, die Hebelschere, mit der ein Vielfaches der manuellen Kraft erzeugt werden kann. Dagegen kann man ein Zinkblech der gleichen Stärke mühelos mit einer Handblechschere schneiden.

Hand- und Hebelblechscheren finden sich meist in jeder Metallwerkstatt, sie arbeiten beide nach dem gleichen Prinzip. Mit der Hebelschere lassen sich Bleche und Metallprofile auf bequeme Weise spanlos trennen.

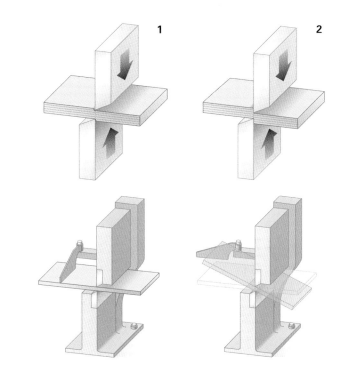

◄ 1. Durch den Druck der beiden Messer auf das Blech werden die Fasern zusammengepresst und angeschnitten.

◄ 2. Auf den Fasern lastet die Zugkraft; sie werden hart und spröde und brechen schließlich auseinander.

◄ ▼ Beim Schneiden eines Blechs in der Hebelschere muss der Niederhalter stets so justiert sein, dass das Schneidgut beim Senken des Messers nicht verbogen wird. Verdeckt der Niederhalter aber die Sicht auf die Schnittlinie, so muss das Blech mit der Hand festgehalten werden (unbedingt einen Handschuh tragen!).

Wenn das Blech weder vom Niederhalter noch von der Hand gehalten wird, verkeilt es sich zwischen den Messern und verbiegt sie, sodass sie unbrauchbar werden.

◄ Um ein Blech mit der Hebelschere rund zu schneiden, müssen viele Tangentialschnitte durchgeführt werden. Bei großen Blechen sollten es kurze Schnitte sein, die nicht länger als die Messer sind, da sonst unerwünschte Druckstellen im Blech entstehen. Jede Hebelschere hat ein spezielles Loch zum Schneiden von Rundprofilen, mit manchen Scheren kann man auch T- und L-Profile schneiden.

◄ Ares, *Ein kleiner Schritt*, 1999 (11,5 × 9 × 9 cm). Bei dieser Messingarbeit wurden die Einschnitte an den Flügeln mit einer Blechschere herausgearbeitet.

Mit einer Säge

Beim Trennen mit der Säge entstehen Späne. Das Sägeblatt wird in einen Bügel gespannt, wobei die Zähne des Blatts nach vorn zeigen. Jedes Sägeblatt besitzt eine bestimmte Stärke, das heißt eine bestimmte Anzahl von Zähnen pro Längeneinheit. Wichtig ist die Auswahl des passenden Metallsägeblatts. Man setzt zum Beispiel für harte Metalle wie rostfreien Stahl eine Säge mit einer feinen Zahnteilung ein, während man zum Trennen von Aluminium, einem weicheren Metall, ein Sägeblatt mit eher grober Zahnteilung verwendet. Bei dieser Arbeit ist es wichtig, die Augen vor umherfliegenden Spänen und die Ohren vor dem Sägelärm zu schützen.

▶ Die Säge wird leicht schräg zur Oberfläche des Werkstücks aufgesetzt. Setzt man zu Beginn der Arbeit gleich das gesamte Sägeblatt auf, kann es abrutschen und das Werkstück verkratzen. Die Hauptarbeitsrichtung beim Sägen ist das Stoßen. Beim Zurückziehen sollte kein Druck auf die Säge ausgeübt werden, da sie sich sonst schnell abnützt oder die Zähne brechen können. Nutzen Sie die Säge über ihre gesamte Länge, um einem ausschließlichen Verschleiß des mittleren Teils vorzubeugen.

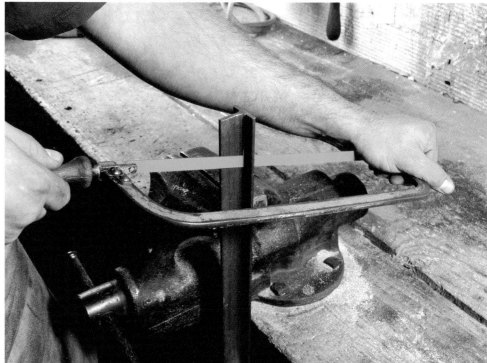

▲ Achten Sie während des Sägens darauf, immer die gleiche Sägerichtung beizubehalten und die Säge nicht zu verkanten, damit das Blatt nicht bricht.

Für den Bügel der Säge sind zwei Positionen während der Arbeit möglich: Üblicherweise stehen die Zähne parallel zum Bügel; manchmal ist es aber praktischer, wenn die Zähne im rechten Winkel zum Bügel stehen, damit dieser bei langen Schnitten keine Behinderung darstellt. In beiden Fällen muss der Bügel mit beiden Händen geführt werden: eine Hand am Griff und die andere am anderen Ende der Säge. Man arbeitet wie beim Feilen immer in dieselbe Richtung, um Verkantungen zu vermeiden, durch die das Sägeblatt brechen würde.

◀ Beim Gebrauch der Stichsäge ist es wichtig, dass die Sägezähne vor Einschalten des Geräts das Metall nicht berühren. Durch das Einsetzen der Auf-und-ab-Bewegung der Säge beim Einschalten kann es ansonsten zu einer sehr ruckartigen Bewegung des Werkstückes kommen. Ist die Säge einmal angelaufen, führen Sie sie langsam und sorgfältig durch das Metall und halten sie dabei mit beiden Händen.

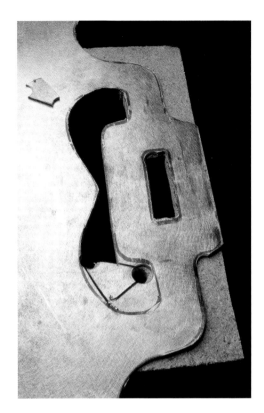

◀ Beim Ausarbeiten von Bögen oder Kreisen nie übereilt vorgehen! Sägen Sie am besten mit geraden Schnitten immer kleine Stücke aus, da solche Sägeschnitte mit der Elektrosäge leichter durchzuführen sind. Es sollten immer Schutzbrille und Ohrschützer getragen werden.

▼ Ares, *Von innen*, 2000 (25 × 25 × 25 cm). Skulptur aus durchbrochenem Eisen.

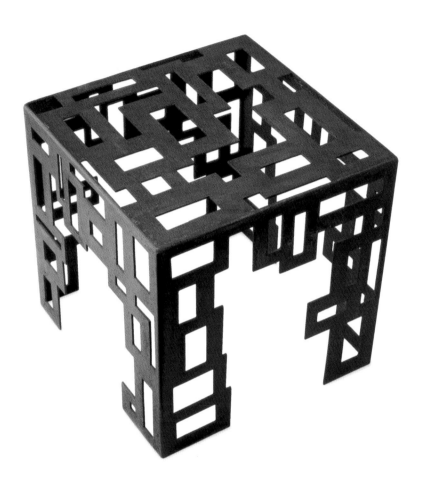

Mit einer Bandsäge und einer Metallkreissäge

Profile, die mithilfe von Maschinen wie der Bandsäge oder der Metallkreissäge getrennt werden, müssen beim Einspannen sorgfältig platziert werden. Ein falsches Einspannen kann die Maschine beschädigen und dazu führen, dass Zähne aus dem Sägeblatt ausbrechen oder das gesamte Blatt bricht.

In jedem Fall muss man das Sägeblatt oder die Sägescheibe im richtigen Winkel an das Walzprofil ansetzen. Darüber hinaus soll stets die richtige Geschwindigkeit eingestellt werden, die vom Maschinenhersteller für das jeweilige Material angegeben wird. Auf diese Weise stellt man einen einwandfreien Betrieb und eine lange Lebensdauer der Band- oder Kreissäge sicher.

Richtiges Einspannen der Walzprofile beim Sägen

▼ Beispielhaft werden hier unterschiedliche Einspannpositionen der Profile in Relation zur Bewegungsrichtung des Sägeblatts oder der Sägescheibe dargestellt.

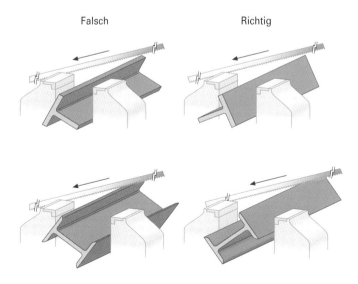

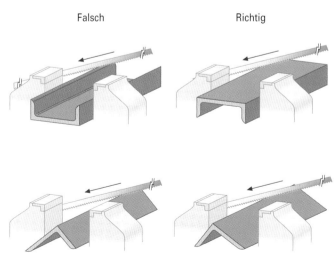

Brennschneiden

Beim Brennschneiden macht man sich die Eigenschaft einiger Metalle zunutze, umgeben von Sauerstoff zu verbrennen. Man setzt das Verfahren zum Trennen eisenhaltiger Metalle ein, jedoch eignen sich nicht alle derartigen Metalle dafür. Stahl ist bei Umgebungstemperatur nicht brennbar. Erhitzt man ihn aber auf seine Entzündungstemperatur von ca. 900 °C und führt einen zusätzlichen Strahl reinen Sauerstoff hinzu, kommt es zu einer Reaktion: dem Verbrennen des Stahls.

Aluminium dagegen kann nicht im Brennschneidverfahren getrennt werden. Setzt man hier eine Heizflamme an, entsteht sofort eine Oxidschicht, deren Schmelzpunkt höher liegt als der des eigentlichen Aluminiums. Diese Eigenschaft führt zum Schmelzen des Metalls und verhindert das Trennen. Ebenso verhält es sich bei nichtrostenden Stahlsorten.

Das Verfahren des Brennschneidens

Für das Brennschneiden benötigt man eine Heizflamme und einen Strahl reinen Sauerstoff. Die Heizflamme zum Erwärmen entsteht durch die Verbrennung eines Gemischs aus brennbarem Gas und Sauerstoff. Als Brenngase kommen Erdgas, Wasserstoff, Propan oder Acetylen in Frage, wobei Acetylen zum Brennschneiden am häufigsten eingesetzt wird.

Mit der **Heizflamme** hebt man die Temperatur des Stahlwerkstücks auf Entzündungstemperatur an und die Oberfläche wird von Schlackeresten, Rostflecken oder Farbresten gereinigt. Die Flamme muss in der Lage sein, das Material in einem Radius von 3 bis 7 mm

▶ Das Brennschneideverfahren beginnt mit dem Erwärmen des Metalls durch die Heizflamme, bis das Metall sich hellrot färbt; nun kann man das Ventil für den Sauerstoffstrahl öffnen und den Brenner an der geplanten Schnittlinie entlang führen.

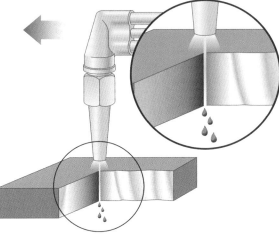

◀ Beim Brennschneiden entsteht die typische Schnittkante mit geraden Linien.

◀ Bei dieser Schnittkante weisen die gebogenen Linien im unteren Teil auf zu schnelles Arbeiten beim Brennschneiden hin; die anhaftenden Schlackereste deuten darauf hin, dass die Düse des Brenners verschmutzt war, was zu einem unsauberen Schnitt führt.

innerhalb von 5 bis 10 Sekunden auf Entzündungstemperatur zu erwärmen und diese sehr hohe Temperatur über den gesamten Vorgang des Brennschneidens auch zu halten. Diese Besonderheit führt zu Verzögerungen, durch die es zu Verformungen des bearbeiteten Blechs kommt.

Der **Sauerstoffstrahl** verbrennt das Metall, wenn es seine Entzündungstemperatur erreicht hat, und bläst die entstandene Schlacke weg; auf diese Weise entsteht eine Schnittkante, auf der gerade Linien zu sehen sind.

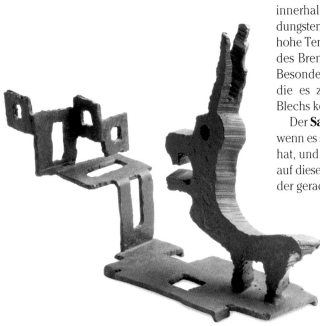

◀ Ares, *Eines Tages überwinden wir vielleicht unsere dicke Mauer der Ignoranz*, 1999 (26 × 12 × 20 cm).

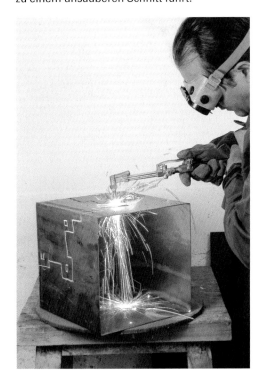

▲ Beim Brennschneiden ist es wichtig, sich mit Handschuhen, Lederschürze und Schutzbrille gegen abspringende Teile und das grelle Licht zu schützen, das beim Verbrennen des Metalls entsteht.

Plasmaschmelzschneiden

Das Plasmaschmelzschneiden ist ein thermisches Trennverfahren, bei dem Metall durch Schmelzen und anschließendes Herausschleudern des geschmolzenen Materials geteilt wird. Der Schnitt erfolgt durch einen Plasmastrahl, der aus einem von der Schneiddüse eingeschnürten elektrischen Lichtbogen in einer Atmosphäre aus Gas oder Gasgemisch entsteht. Das Gas wird durch die Energiezufuhr des Lichtbogens ionisiert und beim Passieren der engen Düse eingeschnürt, sodass der Plasmastrahl entsteht. Neben dem starken Erwärmen, bei dem Temperaturen bis zu 20 000 °C erreicht werden, wirkt der Plasmastrahl aufgrund seiner Geschwindigkeit von bis zu 1000 Metern pro Sekunde auch mechanisch und schleudert das geschmolzene Material kontinuierlich aus der Schnittfuge heraus.

Die für das Plasmaschmelzschneiden geeigneten Schneidgase sind Argon, Wasserstoff und Luft (Gemisch aus Stickstoff und Sauerstoff); letztere wird am häufigsten verwendet.

Die Anlage für das Plasmaschneiden besteht aus einem Gleichstromgenerator, der Düse für das Plasmagas und einem Elektrodenhalter bzw. einem Brenner für den kontinuierlichen Plasmastrahl, der an das zu schneidende Werkstück gehalten wird.

Im Unterschied zum Brennschneiden, das nicht für alle Metalle geeignet ist, lässt sich mit dem Verfahren des Plasmaschmelzschneidens jedes leitfähige Metall trennen.

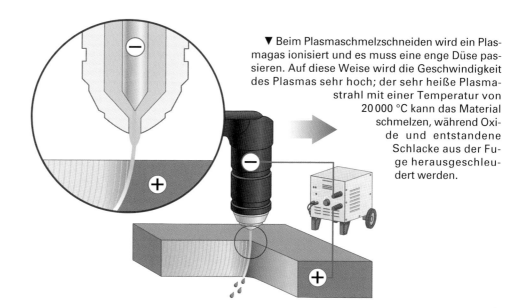

▼ Beim Plasmaschmelzschneiden wird ein Plasmagas ionisiert und es muss eine enge Düse passieren. Auf diese Weise wird die Geschwindigkeit des Plasmas sehr hoch; der sehr heiße Plasmastrahl mit einer Temperatur von 20 000 °C kann das Material schmelzen, während Oxide und entstandene Schlacke aus der Fuge herausgeschleudert werden.

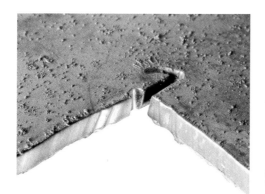

▲ Auf dieser Schnittoberfläche ist das typische Kornähренmuster zu erkennen, das infolge der hohen Geschwindigkeit und Intensität beim Plasmaschmelzschneiden entsteht.

◄ Für einen sauberen Schnitt muss man den Brenner senkrecht zur Oberfläche des Werkstücks halten und die richtige Distanz zwischen Werkstück und Brennerdüse konstant beibehalten.

◄ Bei einem für das Plasmaschneiden geeigneten Arbeitstisch muss das herausgeschleuderte Material nach unten fallen können. Ein Metallrost leistet anstelle einer Tischplatte gute Dienste.

▶ Arbeit von Nerea Aixàs Olea, 2000 (25 × 25 × 50 cm). Werkstück aus lackiertem Aluminium, die Schnitte sind im Plasmaschneidverfahren gefertigt.

Verbinden

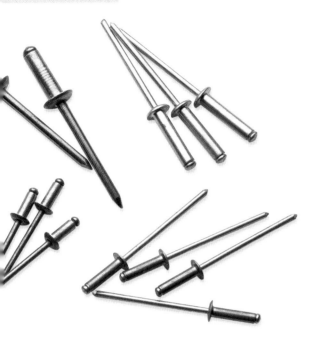

Nieten

Das Nieten ist eine einfache Methode, um dünne Bleche zu verbinden. Es lassen sich damit auch dünne Bleche und Hohlprofile mit geraden Wänden zusammenheften. Beim Nieten entsteht eine feste Verbindung, die die Teile durch Druck zusammenhält.

Die Niete besteht aus einem Aluminiumschaft, der eigentlichen Niete, und einem Dorn oder Stift in seiner Mitte, der Druck auf den Schaft ausübt. Für das Nieten müssen die Werkstücke, die verbunden werden sollen, ein Loch mit dem Durchmesser der Niete erhalten. Die Niete wird in das Loch eingesetzt und der Stift in mehreren Arbeitsgängen angezogen, bis die Niete festsitzt, der Stift abbricht und sich herausziehen lässt. Die Teile sind nun fest miteinander verbunden. Der Vorteil dieser Verbindungstechnik besteht darin,

dass die Niete von der Seite eingesetzt wird, von der aus sie auch festgezogen wird, was das Verbinden erleichtert.

Nietenzange

Mit diesem Werkzeug wird der Stift der Blindniete angezogen. Es arbeitet mit zwei geriffelten Klemmbacken. Durch Zusammendrücken der Zangengriffe zieht man den Stift der Niete an und spannt die zu verbindenden Teile zusammen.

Blindnieten und Vollnieten

Es gibt unterschiedliche Arten von Nieten (Vollnieten und Blindnieten); die Wahl der geeigneten Niete hängt von den zu verbindenden Metallen ab.

▲ Blindnieten.

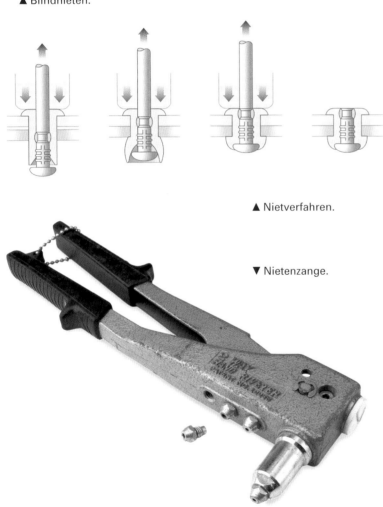

▲ Nietverfahren.

▼ Nietenzange.

▶ Arbeit von Nerea Aixàs Olea, 2000 (10 × 10 × 65 cm). Bei diesem Werk sind die Nieten selbst ein gestaltendes Element, darüber hinaus spannen sie die Blechteile auch zusammen.

Schrauben

Mit Schrauben erhält man eine feste Verbindung, bei der zwei Metallteile zusammengepresst werden. Eine Schraubverbindung kann man jedoch auch wieder lösen. Man verwendet **Schrauben mit Muttern** sowie selbstschneidende Schauben. Bei beiden Arten muss man Löcher in die zu verbindenden Werkstücke einarbeiten, um die Schrauben richtig platzieren und eindrehen zu können.

Verwendet man Schrauben mit Muttern, um zwei Teile zu verbinden, muss das Loch im Metall, in das die Schraube oder der Bolzen eingeführt wird, den gleichen Durchmesser aufweisen wie die Schraube selbst. Manchmal verwendet man auch Unterlegscheiben, um den Druck auf eine größere Fläche zu verteilen und das Metall vor der sich drehenden Schraube zu schützen.

Im Gegensatz dazu muss das Loch für die **selbstschneidenden Schrauben** etwas kleiner als die Schraube selbst sein. Auf diese Weise kann sich das Gewinde der Schraube in das Metall des Werkstücks schneiden und sich darin sein passendes Gegengewinde herausarbeiten.

Angeboten werden auch Gewindestifte in unterschiedlichen Längen. Mit ihnen kann man die Länge der Schraube den eigenen Gestaltungswünschen anpassen.

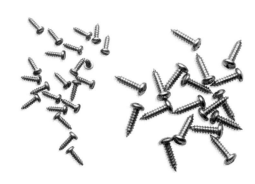

▲ Schrauben oder Bolzen bestehen aus einem Gewinde mit einem Kopf an einem Ende; in das andere Ende wird die Mutter eingedreht. Die Schraubverbindung ist eine lösbare Verbindung. Abgebildet sind unterschiedliche Schraubentypen.

▲ Selbstschneidende Blechschrauben bestehen aus widerstandsfähigem Stahl und haben eine steile Gewindesteigung.

▼ Unterschiedliche Verbindungsmöglichkeiten mit selbstschneidenden Blechschrauben.

▼ Selbstschneidende Blechschrauben in Aluminiumextrusionen.

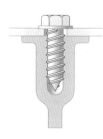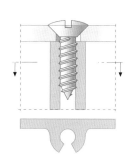

▲ Die Einsatz- und Gestaltungsmöglichkeiten von Gewinden sind vielfältig, man verwendet sie in Form von Schrauben oder reinen Gewindestiften.

▶ Ares, *Die Meerenge,* 2000 (32,5 × 25 cm). Eine Arbeit mit selbstschneidenden Schrauben.

Gewindeschneiden

Eine praktische Art, um unterschiedliche Metallteile zu verbinden, besteht darin, an diesen Teilen von Hand Außen- und Innengewinde zu fertigen und so Schrauben bzw. Muttern zu erhalten. Durch eine Schraubverbindung können Teile ohne Schweißen miteinander verbunden werden.

Für das Schneiden von Gewinden benötigt man Gewindeschneider und Schneideisen.

Gewindeschneider verwendet man zum Arbeiten von Innengewinden wie etwa bei einer Mutter. Sie ähneln einer Schraube und bestehen aus gehärtetem Stahl. Um ein Innengewinde zu arbeiten, benötigt man einen Satz von drei Gewindeschneidern: Vor-, Mittel- und Fertigschneider, die nacheinander mit einem Windeisen eingedreht werden.

Bei jedem Gewindeschneider sind Außendurchmesser und der Durchmesser des Kerns etwas kleiner als beim darauf folgenden Gewindeschneider. So unterteilt sich der Schnitt in drei Arbeitsgänge. Zunächst wird das Gewinde vorgeschnitten, dann ausgearbeitet, und zu guter Letzt erfolgt der Feinschnitt.

Im Gegensatz dazu arbeitet man mit einem **Schneideisen** ein Außengewinde, wie bei einer Schraube. Das Schneideisen erinnert in seiner Form an eine Schraubenmutter und besteht aus gehärtetem Stahl. Um ein Außengewinde zu schneiden, wird ein Schneideisen mit einem Schneideisenhalter eingedreht.

Man sollte wissen, dass Gewinde nach Art und Größe eingeteilt werden. Am gebräuchlichsten sind metrische Gewindebezeichnungen, bei denen der Außendurchmesser des Gewindes in Millimetern angegeben wird.

▲ Ein Satz Gewindeschneider und ein Schneideisen für dieselbe Gewindegröße.

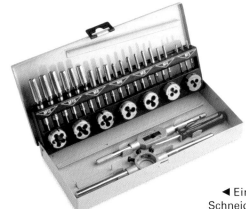

◄ Ein Set mit Gewindeschneider, Schneideisen, Schneideisenhalter und Windeisen für unterschiedliche Gewindegrößen.

Schneiden eines Schraubgewindes an einem Metallstab

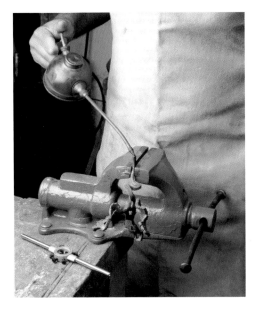

▲ 1. Das Werkstück, an dem das Gewinde geschnitten werden soll, wird in den Schraubstock gespannt. Es empfiehlt sich, den oberen Rand, an dem das Schraubgewinde beginnen soll und das Schneideisen angesetzt wird, zuvor anzufasen. Wichtig ist auch, auf diesen Teil etwas Schneidöl aufzutragen; so hält man die Reibung zwischen Werkstück und Schneideisen gering.

◄ 2. Nun setzen Sie das Schneideisen mit Schneideisenhalter auf dem oberen Ende des Werkstücks an. Die Mitte des Schneideisens muss hierbei genau mit der Mittelachse des zukünftigen Schraubgewindes übereinstimmen. Drehen Sie das Schneideisen mit leichtem Druck durch mehrere Umdrehungen ein, bis es gut greift. Prüfen Sie dabei immer wieder, ob das Gewinde gerade geschnitten wird und sich das Schneideisen senkrecht zum Gewinde befindet. Auf diese Weise verhindern Sie, dass das Schneidgewinde bricht oder stumpf wird.

◄ 3. Sobald das Schneideisen gegriffen hat, geben Sie weitere Tropfen Schneidöl hinzu und fahren mit dem Schneiden des Gewindes durch Eindrehen des Schneideisenhalters fort, wobei Sie ihn auch immer wieder ein wenig zurückdrehen sollten, um Späne zu entfernen. Diesen Vorgang setzen Sie so lange fort, bis das Gewinde die gewünschte Länge erreicht hat.

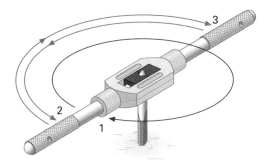

◄ Drehschema des Ein- und Ausdrehens. Ziel des Verfahrens ist es, das Metall immer in eine Richtung zu schneiden und durch das Drehen in Gegenrichtung die beim Schneiden entstandenen Späne zu brechen und zu entfernen. Das Drehen in beide Richtungen ist sowohl beim Schneiden von Innen- als auch von Außengewinden notwendig.

Schneiden eines Innengewindes an einem Metallwerkstück

▲ 1. Um ein Innengewinde zu arbeiten, bohren Sie zunächst ein Loch in die entsprechende Stelle des Werkstücks. Der Durchmesser des Lochs muss etwas kleiner sein als der des Schraubgewindes, das eingedreht werden soll. Es empfiehlt sich, zunächst ein Probeloch in ein gleichartiges Metall zu bohren, um sicherzustellen, dass man den passenden Bohrer wählt. Im abgebildeten Fall soll das Gewinde einen Durchmesser von 6 mm erhalten, deshalb wählt man einen Bohrer für einen Lochdurchmesser von 5 mm.

▲ 2. Ist das Werkstück fest im Schraubstock eingespannt, kann das Schneiden des Gewindes beginnen. Zuvor geben Sie noch Schneidöl auf die Schneidfläche, dann setzen Sie das Windeisen mit dem Vorschneider auf dem Loch auf und prüfen, ob er genau senkrecht darüber steht. Nun drehen Sie das Windeisen um seine eigene Achse, bis der Vorschneider greift. Das Schneiden wird, wie bereits beim Außengewinde, durch Vor- und Zurückdrehen des Windeisens fortgesetzt. Diesen Vorgang wiederholen Sie zunächst mit dem Mittelschneider, dann mit dem Fertigschneider.

◄ 3. Die beiden fertigen Gewinde. Nun können die Werkstücke aus Eisen und Bronze ineinander geschraubt werden.

► 4. Ares, *Haiku-Pflanzen III*, 2003 (18 × 15 × 10 cm). Schmiedeeisen und Bronze.

Umformen

Abkanten am Schraubstock

Es gibt vielerlei Tätigkeiten, bei denen die Klemmbacken des Schraubstocks nützlich sein können. Eine dieser Arbeiten ist das Abkanten durch Hammerschläge bei kleineren Metallblechen mit einer maximalen Stärke von 2,5 mm. Das Abkanten ist eine Form des Biegens, bei der der Radius an der Knickstelle recht klein ist und eine abgerundete Kante entsteht. Möchte man eine scharfe Kante erzeugen, muss man zunächst zwei Bleche im entsprechenden Winkel zusammenschweißen und dann die Schweißnaht mit einer Schleifmaschine nacharbeiten.

Zum Abkanten eines in den Klemmbacken des Schraubstocks eingespannten Metallstücks bearbeitet man es vorsichtig von oben nach unten mit Hammerschlägen, damit sich der Schlag immer auf die gesamte Oberfläche verteilen kann. Auf diese Weise verhindert man ein Überdrehen und Verformen der Stelle, auf die geschlagen wird.

Um große Werkstücke abzukanten, werden zwei Winkel zur Verlängerung der Klemmbacken eingespannt und mit Gripzangen oder einer Schraubzwinge am anderen Ende der Winkel zusammengepresst, damit das Werkstück darin fest verankert werden kann.

▲ 1. Zu Beginn des Abkantens schlägt man mit dem Hammer zunächst auf den oberen Teil des Blechs.

▲ 2. Ohne den Schlagrhythmus zu ändern, nähert man sich langsam der Kante, bis diese den gewünschten Knickwinkel erreicht hat.

▲ 3. Schlägt man zu fest auf eine Seite des Blechs, kommt es zur Überdehnung im Bereich zwischen der angeschlagenen und der nicht behauenen Stelle, sodass das abgekantete Stück unerwünschte Verformungen aufweist.

▲ 4. Zum Abkanten von großen Werkstücken, die nicht in den Schraubstock passen, verwendet man zwei Winkel und eine Schraubzwinge, um die Klemmbacken des Schraubstocks zu verlängern. Dieses Verfahren eignet sich auch, wenn man Bleche, die größer als die Klemmbacken des Schraubstocks sind, mit dem Meißel trennen möchte.

Abkanten mit Biegemaschinen

Es gibt Biegewerkzeuge, die durch bestimmte Mechanismen die Biegearbeiten an Blechen und flachen Profilen kleiner und mittlerer Stärke erleichtern. Im Allgemeinen bestehen die Werkzeuge aus zwei Teilen: In einen Teil spannt man das Blech oder Profil, das gebogen werden soll, ein. Der andere Teil übt Druck auf einen Bereich des Blechs aus, sodass es nachgibt und sich entsprechend biegt.

Die meisten Biegemaschinen besitzen ein Gegengewicht, das die Biegebewegung unterstützt und die Kraft, die der Handwerker auf den beweglichen Teil ausübt, verstärkt. Profilbiegemaschinen dagegen haben kein Gegengewicht. Sie müssen deshalb auf einem stabilen Tisch oder Bock verankert sein, der die Kraft beim Biegen und Abkanten von dicken Profilen aufnimmt.

▲ 2. Vor dem Abkanten werden die Elemente des beweglichen Teils der Biegemaschine eingestellt und fixiert, damit der richtige Druck gleichmäßig auf den größtmöglichen Teil der Profiloberfläche ausgeübt wird. Drehen Sie nun den Hebel so weit, bis der gewünschte Winkel erreicht ist. Die Profilbiegemaschine hat einen verstellbaren Anschlag für den beweglichen Arm, den man in einer bestimmten Position fixieren kann, sodass ein Abkanten des gleichen Winkels mehrmals wiederholt werden kann. Das ist besonders vorteilhaft, wenn man mehrere gleiche Teile anfertigen möchte.

Abkanten von Profilen

▲ 1. Legen Sie das flache Profil zwischen die Klemmbacken des feststehenden Teils der Profilbiegemaschine. Das Profil muss dort fest eingespannt sein, damit es sich nicht bewegt, wenn Druck darauf ausgeübt wird.

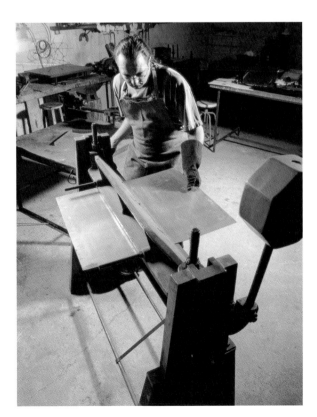

Abkanten von Blechen

◀ 1. Legen Sie das Blech zwischen die Wangenschienen, welche die Klemmbacken bilden, und arretieren Sie sie durch Umlegen des Hebels. Wichtig ist dabei, dass die obere Schiene auf der Markierung aufliegt, die anzeigt, wo das Blech abgekantet werden soll.

▶ 2. Ist das Blech zwischen den Schienen fixiert, kann das Biegen beginnen. Hierfür bewegen Sie die freie Schiene mit den zwei Hebeln an ihren Enden und üben Druck auf die Seite des Blechs aus, die abgekantet werden soll. Durch ein Gegengewicht können Sie diese Kraft noch verstärken.

Verdrehen des kalten Werkstücks

Beim Verdrehen eines Metallstabs oder eines Flacheisens wird das Werkstück spiralförmig gewunden. Man macht sich hierbei die Biegsamkeit von Metall zunutze, um dekorative Formen zu kreieren, ohne dass man das Werkstück dazu erst erwärmen müsste. Im Allgemeinen arbeitet man mit flachen Profilen wie etwa Flacheisen. Für das Verdrehen kalter Werkstücke dürfen diese allerdings nicht allzu dick sein.

Sehr nützlich ist dabei der Schraubstock, in den das Werkstück fest eingespannt wird, sowie eine Biegegabel, um die Spiralform zu drehen.

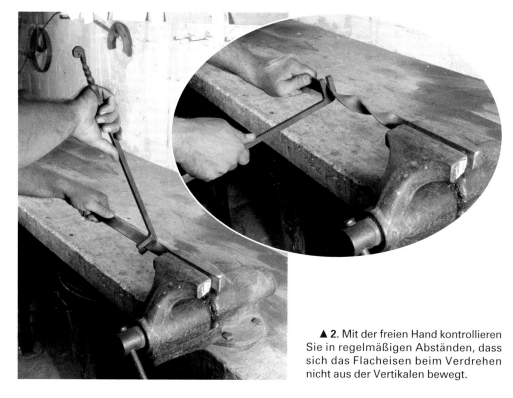

► **1.** Das Flacheisen aus Stahl wird in die Klemmbacken des Schraubstocks gespannt. Dann greift man mit der Klaue einer Biegegabel das Flacheisen an der Stelle, an der sich die erste Windung befinden soll, und beginnt langsam mit der Drehbewegung.

▲ **2.** Mit der freien Hand kontrollieren Sie in regelmäßigen Abständen, dass sich das Flacheisen beim Verdrehen nicht aus der Vertikalen bewegt.

Biegen an U-förmiger Lehre

Rundstäbe lassen sich an der U-förmigen Lehre zur Kreisform biegen, da man sich auch dafür die Biegsamkeit des Metalls zunutze machen kann. Wie beim Verdrehen sollten die Werkstücke beim Kaltbiegen nicht zu dick sein, und den Biegeradius sollte man nicht zu eng wählen.

► **1.** Spannen Sie die U-förmige Lehre in den Schraubstock ein; legen Sie den zu biegenden Stab dazwischen und üben Sie dann mit der Kraft des gesamten Körpers so viel Druck darauf aus, dass er sich biegt. Der Druck auf die Lehre darf nicht zu stark sein, damit sich auf dem Stab keine Druckstellen bilden.

◄ **2.** Eine Biegegabel kann behilflich sein, um den Kreis abschließend rund zu arbeiten.

Biegen am Biegetisch

Beim Biegen am Biegetisch können mit dem Hammer kreisrunde Elemente aus Flacheisen oder Stäben gearbeitet werden. Die Schläge werden auf der Innenseite des Kreises angesetzt, während das Werkstück beispielsweise auf einer gebogenen Unterlage, auf zwei auf einen Stahlblock aufgeschweißten Winkeln oder auf einem U-Profil aufliegt. Man beginnt mit festen, jedoch sorgfältig geführten Schlägen, damit sich das Metall langsam in Form biegt. Es ist schon erstaunlich, wie durch exakt geführte Schläge, ohne viel Zusatztechnik, ein Kreis entsteht.

▲ 1. Man legt das Flacheisen auf einen Biegetisch, der hier zum Beispiel aus zwei auf einen Eisenblock geschweißten Winkelstücken besteht. Mit dem Hammer schlägt man auf die Stelle des Flacheisens, die sich zwischen den beiden Winkeln befindet. Auf diese Weise erreicht man, dass sich das Metall unter den Schlägen rund biegt.

◄ 2. Nachdem Sie diesen Vorgang mehrmals über das gesamte Werkstück verteilt durchgeführt haben und sich die Form bereits einem fertigen Kreis annähert, können Sie die Hammerschläge gezielter setzen; das heißt, Sie schlagen nur noch dort, wo es nötig ist und die Form noch nicht ganz dem Kreis entspricht. Dabei ist eine Zeichnung des gewünschten Kreises in Originalgröße hilfreich, auf die man das Werkstück legen kann, um die Krümmung zu prüfen.

Biegen mit der Rundbiegemaschine

Mit der Rundbiegemaschine lassen sich Bleche und Rundprofile gleichmäßig rundbiegen. Dazu führt man das Metall zwischen zwei Walzen, auch »Treibrollen« genannt, hindurch, die über Zahnräder und eine Kurbel das Blech oder das Profil vorantreiben. Eine dritte Walze, die Biegerolle, biegt das Metall, das auf diese Weise eine gleichmäßige Krümmung erhält.

► Ein Blech wird mit der Rundbiegemaschine gebogen; die Drehbewegung der Kurbel überträgt sich auf das Blech, und die Walzen biegen das Blech gleichmäßig.

Profilbiegen mit der Rundbiegemaschine

◄ 1. Die Walzen einer Rundbiegemaschine haben auf einer Seite unterschiedlich breite Einlegerillen, um auch Rundprofile, Stäbe oder dünne Rohre rund biegen zu können.

◄ 2. Die Oberwalze der Rundbiegemaschine kann entriegelt werden; sie ist ausschwenkbar, damit ein kreisrund geformtes Werkstück herausgenommen werden kann. Abgebildet ist hier ein Rundprofil aus Kupfer.

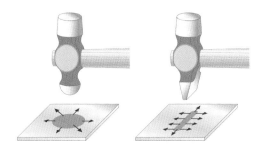

▲ Wenn die Oberfläche des Hammers, der auf das Blech auftrifft, rund geformt ist, verformt sich die kristalline Struktur des Metalls strahlenförmig, wodurch sich die Oberfläche rund um die Aufschlagstelle ausdehnt.

Ist der Hammer, der auf das Metall auftrifft, länglich und gerade geformt, verschiebt sich die Kristallstruktur senkrecht zum Hammereinschlag. In Querrichtung kommt es zu einer größeren Oberflächenzunahme des Metalls als in Längsrichtung.

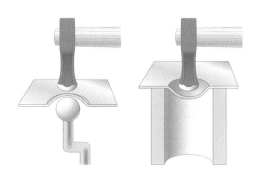

▲ Bei Schlägen, bei denen das Werkstück auf einer Faust mit Kugelkopf aufliegt, wird das Metall zwischen Unterlage und Hammer komprimiert, sodass es zunächst dünner wird und sich dann seine Oberfläche ausdehnt.

Liegt das Werkstück dagegen beim Tiefziehen auf einer Hohlform auf, so biegt sich das Metall durch, wodurch es zunächst eine größere Oberfläche erhält und dann dünner wird.

Treiben

Das Treiben umfasst alle Techniken, bei denen das Metall direkt mit einem Hammer verformt wird. Die Metallmasse wird so umverteilt, dass durch Verlängerungen oder Verkürzungen infolge der Hammerschläge eine neue Form entsteht.

Metalle setzen sich aus vieleckigen Kristallen zusammen. Jedes dieser Kristalle besitzt viele Seitenflächen, an die sich jeweils ein weiteres Kristall anhängen kann. Aufgrund dieser Eigenschaft sind Neuordnungen möglich, indem die Struktur dieser Kristalle umgestellt wird und so das Metall eine neue Form erhält.

Beim **Treiben mit Verlängerung** wird der mit dem Hammer bearbeitete Bereich der Oberfläche größer. Es ist die gebräuchlichste Form des Treibens und vielseitig einsetzbar.

Welche Verformung man beim Treiben bewirkt, hängt ab von

– der Form des verwendeten Hammers,

– der Art und Weise des Schlagens und ob es über einem Einsteckamboss oder über einer Hohlform stattfindet,

– dem Einschlagwinkel, mit dem der Hammer auf das Metall trifft; er kann senkrecht oder geneigt sein.

In einem vorangegangenen Kapitel wurden die unterschiedlichen Hammerformen vorgestellt. Verschiedene Hammerbahnen treiben das Metall unterschiedlich. Ein Hammer mit einer runden Bahn, wie etwa der Treibhammer, treibt das Metall nach allen Seiten. Ein Pinnhammer mit keilförmiger Finne hingegen treibt das Metall entlang einer Linie aus.

Es spielt auch eine Rolle, wie das Metall aufliegt. Liegt es auf einem Einsteckamboss und wird mit dem Treibhammer bearbeitet, so wird es aufgrund seiner Sprödigkeit stärker gehärtet, als wenn es mit dem gleichen Hammer über einer Hohlform getrieben wird.

Sprödigkeit

Das Metall ist beim Strecken den Druckkräften ausgesetzt, beim Tiefziehen den Biegekräften. Die Kristallstruktur verändert sich wegen dieser Kräfte und führt zu einer Verminderung der Stärke des Metalls.

Durch das Treiben verändern sich auch die mechanischen Eigenschaften infolge der veränderten Sprödigkeit. Das Metall wird härter, seine Festigkeit nimmt zu und die Elastizitätsgrenze steigt, während Verformbarkeit, Duktilität und Plastizität nachlassen. Darüber hinaus vermindert sich die Federkraft und das Metall wird brüchig. Diese Auswirkungen kann man durch ein Glühen des getriebenen Metalls wieder wettmachen. Man erwärmt dazu das Werkstück je nach Metall auf eine bestimmte Temperatur und lässt es danach langsam abkühlen.

▶ Ares, *Kugel*, 1998, Ø 16 cm. Im Tiefziehverfahren wurden zwei Halbkugeln aus Stahlblech gearbeitet.

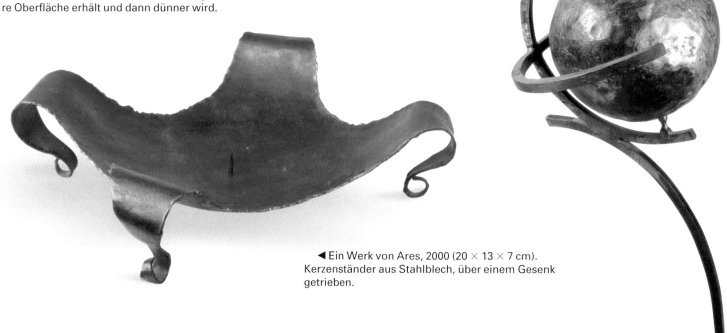

◀ Ein Werk von Ares, 2000 (20 × 13 × 7 cm). Kerzenständer aus Stahlblech, über einem Gesenk getrieben.

Arbeiten einer runden Schale

Zur Übung kann man eine runde Schale aus dünnem Zinkblech mithilfe von verschiedenen Treibtechniken, dem Tiefziehen und dem Schlichten, anfertigen.

◀ **1.** Das Umformen des flachen Blechs beginnt mit dem Tiefziehen. Legen Sie das Zinkblech auf einen Ring oder ein Rohr aus Stahl, dessen Innendurchmesser der gewünschten Mulde für die runde Schale entspricht. Beginnen Sie die Arbeit mit dem Treibhammer und markieren Sie mit den ersten Schlägen den Rand der Schale.

▼ **2.** Die Schläge müssen mit der runden Bahn des Hammers und leicht schräg geführt werden, um das Metall zu den Stellen der Schale zu treiben, an denen die stärksten Verformungen stattfinden.

▶ **3.** Bearbeiten Sie zum Abschluss des Tiefziehens die gesamte ausgerundete Oberfläche mit einzelnen, gleichmäßigen Schlägen.

▶ **4.** Mit einer Blechschere wird das getriebene Werkstück ausgeschnitten und der Rand geschlichtet. Legen Sie die Schale dazu auf einen kugelförmigen Einsteckamboss und bearbeiten Sie sie mit der flachen Bahn des Treibhammers. Auf diese Weise wird die Materialstärke über das gesamte Werkstück ausgeglichen und es erhält eine Textur.

◀ **5.** Die fertige runde Zinkschale und die zu ihrer Herstellung benötigten Werkzeuge.

Schmieden: die Grundlagen

Erfahrung im Schmieden erlangt man am besten, indem man mit dem rotglühenden Eisen arbeitet, es verformt und über dem Amboss hämmert. So beginnt man ein Gefühl für das Verhalten des Metalls unter Wärmeeinwirkung zu entwickeln. Das Basiswissen beim Schmieden besteht aus vier Grundregeln. Im Folgenden wird gezeigt, wie das Schmiedefeuer entzündet wird, wie man die Temperatur des Metalls an der Farbe des erwärmten Werkstücks erkennt, welche Wärmebehandlungen möglich sind und welche Methoden für den Anfänger geeignet sind.

Schmiedefeuer entzünden

Es gibt nicht nur eine Möglichkeit, das Feuer im Herd zu entzünden; jeder Schmied vertraut hier seinem eigenen Verfahren. Im Folgenden wird eine dieser Möglichkeiten vorgestellt.

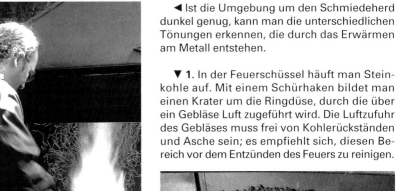

◄ Ist die Umgebung um den Schmiedeherd dunkel genug, kann man die unterschiedlichen Tönungen erkennen, die durch das Erwärmen am Metall entstehen.

▼ **1.** In der Feuerschüssel häuft man Steinkohle auf. Mit einem Schürhaken bildet man einen Krater um die Ringdüse, durch die über ein Gebläse Luft zugeführt wird. Die Luftzufuhr des Gebläses muss frei von Kohlerückständen und Asche sein; es empfiehlt sich, diesen Bereich vor dem Entzünden des Feuers zu reinigen.

▲ **2.** In die Mitte des Kraters legt man Papier und Holzspäne und zündet diese an.

▲ **3.** Nun schiebt man vorsichtig Kohle auf das Feuer und öffnet die Luftzufuhr, damit durch die Ringdüse Luft an das Feuer gelangt.

▲ **4.** Eine starke Rauchwolke zeigt an, dass die Kohle sich entzündet hat. Bevor man das Metall in die Glut hält, muss man warten, bis dieser schwefelsaure Rauch verbrannt ist, da er das Metall beschädigen könnte.

▲ **5.** Sobald der dichte Rauch verschwunden ist, beginnt man mit dem Erwärmen des zu schmiedenden Eisens. Dabei sollte man es nicht direkt über der Luftzufuhr platzieren, damit sich auf seiner Oberfläche keine Oxidschicht bildet, die das Metall schwächen würde.

Temperatur und Farbe

Grundsätzliches

Das Erwärmen des Metalls ist nötig, um es formen zu können und um zu verhindern, dass Sprünge und Risse entstehen. Für diesen Vorgang ist es nützlich, Eigenschaften und Struktur des Metalls zu kennen. Bei fehlerhafter Erwärmung wird das Metall geschwächt und seine Qualität nimmt ab. Insbesondere entstehen Einschränkungen bei seinen wesentlichen Eigenschaften, etwa der Korrosionsbeständigkeit. Im Fall von Eisen erhöhen Temperaturen unter 700 °C beispielsweise die Versprödung und vermindern die Festigkeit des Metalls.

Wie schnell sich ein Metall erwärmt, hängt ab von

– der physikalischen und chemischen Zusammensetzung des Metalls; ein stärker wärmeleitendes Metall erwärmt sich schneller als eines, das die Wärme weniger gut leitet,

– der Masse und den Dimensionen des Werkstücks; bei zwei Werkstücken mit derselben Materialzusammensetzung und demselben Gewicht nimmt das mit der größeren Oberfläche die Wärme schneller auf und erwärmt sich somit schneller,

– von der Temperatur der Glut im Schmiedeherd.

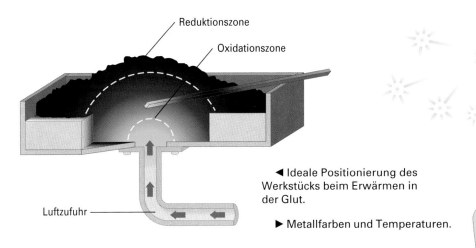

Reduktionszone

Oxidationszone

Luftzufuhr

◄ Ideale Positionierung des Werkstücks beim Erwärmen in der Glut.

► Metallfarben und Temperaturen.

1400°	Weißglut höchste Temperatur für zu schmiedendes Eisen
1300°	gelbweiß
1200°	hellgelb
1100°	gelb
1000°	orange
950°	gelbrot
900°	hellrot
850°	rot
810°	hell kirschrot
800°	
760°	kirschrot
740°	dunkel kirschrot
700°	tiefste Schmiedetemperatur
680°	dunkelrot
620°	braunrot
600°	
550°	dunkelbraun
500°	
400°	
360°	grau
340°	blaugrau
320°	hellblau
300°	blau
290°	dunkelblau
280°	violett
270°	purpurrot
260°	bronziert
250°	kaffeefarben
240°	dunkelgelb
230°	gelb
220°	strohfarben
200°	hellgelb

Zusammenfassend lässt sich sagen, dass man beim Erwärmen der Werkstücke mit Umsicht vorgehen sollte. Jeder Bereich des Werkstücks muss sich ungehindert ausdehnen können, damit keine inneren Spannungen entstehen, die das Metall schwächen und zu Rissen im Inneren führen können.

Das Werkstück und die Glut

Das Erwärmen der Werkstücke muss langsam erfolgen, wobei man sie in der Glut immer wieder drehen muss, damit sich die Oberfläche gleichmäßig erwärmt und die Wärme bis in die Mitte des Werkstücks dringt, was besonders bei dicken Profilen wichtig ist. Außerdem soll das Stück zwischen Oxidationszone und Reduktionszone der Glut liegen; das bedeutet, dass es von der Luftzufuhr weit genug entfernt sein muss, damit sich nicht zu viel Sauerstoff auf seiner Oberfläche ablagert (Oxidationszone). Andererseits muss es ausreichend tief in der Glut liegen, damit es sich nicht nur im oberen Bereich der Kohlen befindet, in dem es nicht warm genug werden würde (Reduktionszone).

Glühfarben und Temperaturen

Beim Erwärmen verändert sich die Farbe der Metalle entsprechend ihrer jeweils aktuellen Temperatur. Weichstahl mit einem Kohlenstoffgehalt zwischen 0,1 und 0,3 % eignet sich am besten zum Schmieden.

An den unterschiedlichen Farbtönen des Werkstücks kann man seine Temperatur erkennen. So weiß man, dass bei dunkelkirschroter Färbung die Temperatur etwa bei 740 °C liegt und bei Orange bei ca. 1000 °C. Das Erscheinungsbild der einzelnen Farben verändert sich leicht in Abhängigkeit von der Zusammensetzung des Stahls und des Lichts, in dem man das Werkstück betrachtet. Am besten erkennt man die Farben in einer abgedunkelten Umgebung.

Wenn man mit Aluminium oder Aluminiumlegierungen arbeitet, ist zu beachten, dass deren Schmiedetemperaturen zwischen 300 und 500 °C liegen und die Farbtöne von Stahl nicht darauf übertragbar sind. Bei solchen Werkstücken muss man zum Messen der Temperatur ein Pyrometer zu Hilfe nehmen. Eine praktische Möglichkeit der Temperaturmessung besteht darin, mit einem Stück Holz Striche auf das erwärmte Werkstück zu ziehen; je nach dem, wie braun sich diese färben, kann man ungefähr die Temperatur abschätzen.

Kupfer und Kupferlegierungen, etwa Messing, wechseln zwar ihre Farbe beim Erwärmen, aber die unterschiedlichen Farbtöne sind kaum zu erkennen. Erwärmt man ein Werkstück aus Kupfer oder Messing, muss man vorsichtig sein, um kein Stück davon im Feuer zu verlieren. Nimmt man den Acetylen-Sauerstoff-Brenner, lässt sich die Erwärmung genauer steuern. Kupferlegierungen mit einem Kupferanteil von über 60 % bieten sehr gute Voraussetzungen für das Schmieden.

◄ Spitzen.

◄ Absetzen.

◄ Breiten.

◄ Stauchen.

◄ Verdrehen.

◄ Rollen.

Grundlegende Schmiedetechniken

Es empfiehlt sich, einige der grundlegenden Arbeitstechniken beim Schmieden gut zu kennen. Viele geschmiedete Objekte sind aus einer Kombination verschiedener Techniken entstanden. Es handelt sich um leicht auszuführende Arbeiten, die man auf dem Amboss und mit dem Schmiedeschraubstock am rotglühenden Metall durchführt.

• **Spitzen** Bei diesem Arbeitsgang verändert man den Querschnitt des Metalls und bearbeitet es, bis sich eine Spitze bildet.

• **Absetzen** Man ändert den Querschnitt des Profils, indem er verringert und das Werkstück verlängert wird.

• **Breiten** Der Querschnitt des Profils wird verkleinert und seitlich ausgeweitet.

• **Stauchen** Bei diesem Arbeitsgang vergrößert man den ursprünglichen Querschnitt des Profils, indem man die Länge verkürzt.

• **Verdrehen (Torsieren)** Man verleiht dem Profil eine Spiralform, indem man es in sich verdreht.

• **Rollen** Das Ende eines Profils wird in sich selbst aufgerollt.

▲ Ares, *Rosa rosae*, 1997 (27 × 10 × 18 cm). Diese Rose aus Metall ist ein gutes Beispiel für die Gestaltungsmöglichkeiten, die die unterschiedlichen Schmiedetechniken bieten.

▲ Das glühende Werkstück wird zu einer Spirale gerollt.

Wärmebehandlungen

Durch eine Wärmebehandlung verändert man die mechanischen Eigenschaften des Metalls. Man erwärmt es bis auf eine bestimmte Temperatur, die eine gewisse Zeit gehalten wird, um es dann unter kontrolliertem Tempo wieder abkühlen zu lassen. Durch dieses Erwärmen und Abkühlen ändert sich die Struktur des Metalls. Die Ergebnisse, die mit dieser Temperaturänderung erzielt werden, hängen von der Erwärmungstemperatur und von der Geschwindigkeit der Abkühlung des Metalls ab.

Die Wärmebehandlungen lassen sich in zwei Gruppen mit unterschiedlichen Auswirkungen auf das Metall einteilen:

– Die Zusammensetzung des Metalls ändert sich nicht und es findet keine Veränderung seiner Bestandteile statt.

– Die Zusammensetzung des Metalls ändert sich, das heißt, es werden weitere Bestandteile hinzugefügt oder das Verhältnis der vorhandenen Bestandteile zueinander wird geändert. Diesen Vorgang bezeichnet man als »thermochemische Behandlung«.

Im vorliegenden Buch werden nur Wärmebehandlungen ohne Veränderung der Zusammensetzung der Metallbestandteile erläutert. Es handelt sich dabei um das Härten, das Anlassen und das Glühen.

Härten

Härten ist eine Wärmebehandlung, durch die Widerstandskraft und Härte des Metalls erhöht werden, allerdings wird es auch brüchiger. Beim Härten erwärmt man das Werkstück gleichmäßig bis auf eine bestimmte Temperatur und kühlt es anschließend rasch in einer Flüssigkeit ab, meist in Wasser mit Umgebungstemperatur. Es spielt eine Rolle, wie man das Werkstück zum Abkühlen in das Wasser einführt. Der Wasserbehälter muss breit genug sein, um es ganz darin eintauchen und bewegen zu können. Es empfiehlt sich, das Werkstück senkrecht darin einzutauchen. Seine Form bestimmt die Art, wie man es in der Flüssigkeit bewegt: Ob es hin und her bewegt oder gedreht wird. Diese Wärmebehandlung des Härtens wird sehr häufig bei der Herstellung von Werkzeugen aus Stahl angewandt, dessen Kohlenstoffgehalt unter 0,9 % liegt.

Anlassen

Dies ist ein Verfahren, bei dem Spannungen abgebaut werden, die durch das Dehnen und plötzliche Zusammenziehen der Bestandteile von Metallwerkstücken während des Härtens entstehen. Das gehärtete Werkstück wird erneut auf eine Temperatur zwischen 100 und 320 °C erwärmt und dann abgekühlt. Durch das Anlassen verliert das gehärtete Werkstück an Härte.

Glühen

Beim Glühen erhält das Metall die Eigenschaften zurück, die durch mechanische Bearbeitung, wie das Kalthämmern oder Walzen, verloren gegangen sind. Außerdem dient es zur Veränderung eines gehärteten Werkstücks.

Man erwärmt das Werkstück auf eine Temperatur zwischen 200 und 700 °C, die für eine gewisse Zeit gehalten wird. Dann lässt man es langsam bei Raumtemperatur abkühlen. So erreicht man, dass das Metall Eigenschaften wie die Duktilität wieder annimmt. Durch das Glühen wird das Metall auch weicher und weniger hart, so dass es sich leichter bearbeiten lässt.

Härten einer Klinge

Das Härten von Werkzeugen ist eine Prozedur, die großer Umsicht und viel praktischer Erfahrung und Fertigkeit bedarf. Im Folgenden werden die Schritte erläutert, die für das Härten einer Klinge notwendig sind. Sie sollen zum Einstieg in diese Technik anregen, um immer mehr eigene Erfahrungen darin zu sammeln.

► 5. Wenn das Werkstück auf Kirschrotglut erwärmt ist, hat es mit 710 bis 850 °C die richtige Temperatur zum Härten erreicht. Der Moment, in dem Sie es schnell im Temperbad abkühlen müssen, ist dann erreicht, wenn die Farbe von hellem Kirschrot in dunkles Kirschrot übergeht.

Führen Sie das Werkstück ins Wasser und drehen Sie es entsprechend der runden Form der Klinge; dabei können Sie beobachten, wie das Eisen die unterschiedlichen Farben des Härtens durchläuft.

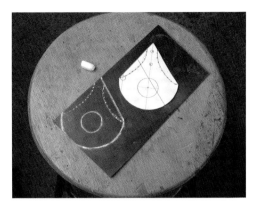

▲ 1. Übertragen Sie die gewünschte Form mit weißer Kreide von einer Papierschablone auf ein Stahlblech von 2 mm Stärke. Wenn Sie sich die geraden Kanten eines Blechs für das Werkstück zunutze machen, können Sie Arbeit und Material sparen.

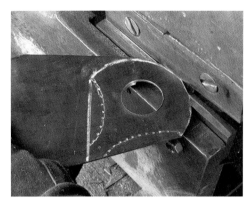

▲ 2. Schneiden Sie nun das Werkstück entlang der angezeichneten Linien mit der Hebelschere aus. Der Innenkreis wird mit einer Bohrmaschine mit Bohrkranzaufsatz gearbeitet; die runden, seitlichen Kanten mit einer Schleifmaschine mit Schleifscheibe.

Im nächsten Schritt bohren Sie mit der Maschine zwei Löcher in das längliche Teil des Werkstücks; an den Löchern können Sie später einen Holzgriff befestigen.

▲ 3. Nachdem das Werkstück im Feuer des Schmiedeherds erwärmt ist, werden die Kanten gespitzt. Dazu legen Sie es auf den Amboss und bearbeiten mit dem Hammer den Bereich, der später gehärtet werden soll.

▲ 4. Nun wird das Werkstück in den Schraubstock gespannt, wo Sie die Kanten mit einer Feile nacharbeiten können. Erwärmen Sie dann nur den Bereich des Werkstücks, der gehärtet werden soll. Dazu muss das Eisen langsam und gleichmäßig erwärmt werden, indem man es immer wieder im Schmiedeherd dreht.

► 6. Die fertige gehärtete und scharfe Klinge.

Wachse, Lacke und Farben

Um den natürlichen Vorgang der Oxidation von Metalloberflächen aufzuhalten, trägt man eine Schutzschicht darauf auf, die verhindert, dass Luft oder Luftfeuchtigkeit an die Oberfläche gelangen.

Aufgetragen wird dieser Oberflächenschutz mit Lappen und groben oder feinen Pinseln.

Lacke sind transparente Substanzen, die schnell trocknen und das Metallwerkstück mit einer dünnen und harten Schicht überziehen. Sie bilden eine leuchtende und glänzende sowie farblich einheitliche Oberfläche.

Wachse sind pflanzlichen Ursprungs, wie das Karnaubawachs, aus tierischer Produktion, wie das Bienenwachs, und aus mineralischen Grundstoffen, wie das Paraffin.

Wachse glänzen und bilden auf Metall einen farblich einheitlichen Überzug wie die Lacke. Gegenüber diesen haben sie den Vorteil, in der Art des Glanzes variabel zu sein. Trägt man das Wachs mit dem Pinsel auf, erhält das Werkstück einen matten Glanz. Wenn das Wachs getrocknet ist, kann man die Oberfläche mit einem Baumwolltuch abreiben, um den Glanz noch zu erhöhen.

Farben bestehen aus Pigmenten und Farbstoffen, die in einem synthetischen Bindemittel gelöst sind. Sie sind opak und trocknen schnell. Es gibt sie in leuchtender und matter sowie in stark haftender Ausführung.

◄ Schellack ist ein Harz tierischen Ursprungs, das in Form von kleinen Blättchen verkauft wird. Für die Weiterverarbeitung löst man 150 g Schellack in einem Liter Methylalkohol auf, wobei das Gemisch immer wieder neu aufgeschüttelt werden sollte.

► Verschieden breite und schmale Pinsel sind sehr praktisch, um Wachse, Lacke und Farben aufzutragen.

▼ Weiteren Naturlack erhält man durch das Auflösen von so viel Kolofoniumharz in Methylalkohol, bis eine gesättigte Lösung entsteht. In die Lösung können, falls gewünscht, schwarze Pigmente hinzugegeben werden. Der Lack ist sehr widerstandsfähig und eignet sich für dunkle Metallgegenstände, deren Farbtiefe durch die Menge der zugesetzten Pigmente beeinflusst werden kann; die Textur des Werkstücks bleibt dennoch sichtbar.

▼ Wachs und Lack in Form von Fertigprodukten.

Zubereitung eines Oberflächenschutzes für alle Metalle

Hier wird die Zubereitung eines Gemischs erläutert, das Metalloberflächen vor Oxidation schützt. Es handelt sich um eine cremige Masse aus Wachs und Harz, die man mit einem dünnen Pinsel aufträgt und einige Stunden trocknen lässt. Das Metall erhält so einen wirkungsvollen Oberflächenschutz. Darüber hinaus entstehen ein einheitlicher Farbton und eine sehr gediegen wirkende satinierte Oberfläche.

◄ **1.** Für das Gemisch benötigen Sie drei Substanzen: Terpentin, Bienenwachs und Kolofoniumharz.

▼ **2.** Das Bienenwachs ist meist in Form von Blöcken erhältlich. Damit es sich schneller auflöst, wird es in kleine, dünne Stücke geschabt.

◄ **3.** Kolofoniumharz ist ein Rückstand der Terpentingewinnung aus natürlichen Harzen. Verkauft wird es in Form von kristallinen Brocken. Damit es sich schneller auflöst, legen Sie es in ein Tuch und zerkleinern es mit einem Hammer.

► **4.** Nun mischen Sie in einem Glasgefäß 1 Teil Bienenwachs und 1 Teil Kolofonium. Fügen Sie danach 3 Teile Terpentin hinzu. Das Gemisch soll sich in einem Wasserbad bei mittlerer Hitze lösen. Dazu stellen Sie das Glasgefäß in einen größeren, mit Wasser gefüllten Topf und erwärmen es zum Beispiel auf einem Gaskocher.

◄ **5.** Aus dem Gemisch entsteht eine homogene, flüssige Masse, sobald sich das Wachs und das Kolofonium im Terpentin aufgelöst haben. Kühlt die Lösung ab, so verfestigt sie sich schließlich zu einer zähflüssigen Masse.

Künstliche Patina

Die künstliche Patina, auch »Edelrost« genannt, ist eine Oxidschicht, die man auf die Oberfläche von Metallobjekten aufbringt. Diese Schicht besitzt meist Farben, die dem Objekt einen ganz bestimmten Glanz und Charakter verleihen und es alt oder antik wirken lassen.

Um eine künstliche Patina aufzutragen, muss die Oberfläche des Werkstücks frei von Fett und echtem Rost sein, der die Oberflächengestaltung beeinträchtigt, da er sich mit der Zeit lösen kann.

Die einfachste Möglichkeit, eine Patina zu erzeugen, besteht darin, die Bildung einer Oxidschicht als Oberflächenschutz auf einem Werkstück aus Eisen (Kohlenstoffstahl) zu beschleunigen. Dazu streicht man das Eisen mit einem groben Pinsel ein, der mit einer Lösung aus destilliertem Wasser und Speisesalz getränkt ist. Mit der Zeit wird sich eine dünne Eisenoxidschicht in den typisch orange-rötlichen Farbtönen bilden. Gefällt die so entstandene Farbgebung, kann man diese Oxidschicht mit zwei Schichten transparentem Lack für Metalle fixieren und schützen. Der Lack intensiviert die Farben und hebt die Kontraste zwischen dunklen und hellen Tönen noch stärker hervor.

Schwarzbrennen von geschmiedeten Werkstücken

Beim Schwarzbrennen erhält das geschmiedete Werkstück eine schwarze Patina, durch die seine Textur, die bei der Bearbeitung auf dem Amboss entstanden ist, sichtbar bleibt. Das Schwarzbrennen ist auch bei nicht geschmiedeten Werkstücken möglich.

Mit einem Pinsel streicht man das geschmiedete Stück mit Leinöl ein. Dann erwärmt man es an einem Gasbrenner, um das Öl abzubrennen, sodass eine schwarze Schicht auf dem Werkstück zurückbleibt. Dies wiederholt man, bis der gewünschte Schwarzton erreicht ist.

Abschließend reibt man das erkaltete Werkstück mit einem Baumwolllappen und Wachs ab, damit sich die Poren auf der Oberfläche schließen und ein schöner Glanz entsteht.

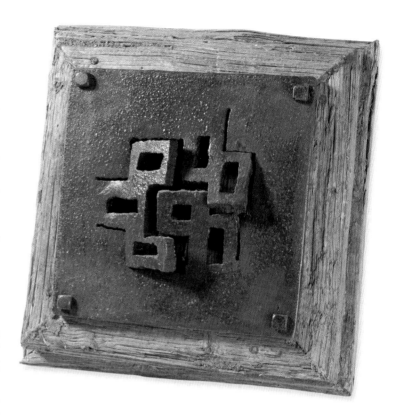

▲ Ares, *Resonanz*, 1999. Arbeit aus Eisen (Kohlenstoffstahl) mit einer Patina aus natürlichem Oxid; die Oxidation wurde durch Auftragen eines Gemischs aus destilliertem Wasser und Speisesalz beschleunigt; danach wurde das Werk lackiert.

Grafitauflage

Um die Grautöne bei Werkstücken mit starken Texturen zu erhalten, ist die Grafitauflage ideal geeignet, da sie insgesamt den Charakter des Objekts erhält.

In etwas rohem Leinöl löst man etwa 100 g Grafit, sodass eine homogene Paste entsteht. Nach und nach gibt man so viel Leinöl hinzu, bis man einen halben Liter Masse erhält. Das Gemisch rührt man so lange, bis sich das Grafit vollständig gelöst hat. Nun fügt man einen halben Liter Universalverdünnung hinzu, sodass insgesamt ein Liter verstreichbare Masse entsteht.

Die Masse wirkt auf dem Werkstück als graue Schutzschicht; soll der Farbton dunkler werden, fügt man etwa 10 g schwarzes Pigment hinzu. Möglich ist auch der Zusatz anderer Farben, etwa Oxidrot, Erdfarben oder manche Grüntöne, um wärmere Schattierungen zu erhalten.

Tauchbäder für Werkstücke aus Kupfer und Messing

Es handelt sich um chemische Lösungen, die auf Messing- oder Kupferoberflächen reagieren und zu Oxidationen in unterschiedlichen Farbtönen führen.

Die blaue Flüssigkeit, die auf der Seite gegenüber zu sehen ist, ist eine Lösung aus Selennitrat, Kupfersulfat und Wasser, in die man das Werkstück aus Messing etwa 30 Sekunden eintaucht. Anschließend wird es unter fließendem Wasser abgespült und an der Luft getrocknet. Werkstücke aus Messing nehmen dadurch einen Braunton an.

◀Werkzeuge und Hilfsmittel für das Schwarzbrennen von geschmiedeten Werkstücken.

◄ Produkte, die zur Herstellung einer Grafitauflage benötigt werden.

▲ Ares, *Cargol i cargols* (Schnecke und Gewinde), 1998. Arbeit aus Stahl- und Kupferschrauben, bei der nur das Kupferteil in die beschriebene grüne Lösung getaucht wurde, damit es eine grünliche Oxidschicht erhält.

Die grünliche Lösung ist ebenfalls ein chemisches Produkt, dessen Formel ein gut behütetes Geheimnis des Herstellers ist. Man taucht darin Werkstücke aus Kupfer oder Kupferlegierungen ein, wodurch sie die typisch grünliche Patina erhalten.

In beiden Fällen handelt es sich um hochgiftige Substanzen; wenn man sie verwendet, sollte man auf jeden Fall eine Schutzbrille und Spezialhandschuhe tragen; darüber hinaus ist eine Spezialmaske zum Schutz gegen die aufsteigenden Dämpfe notwendig.

► Ares, *Rätsel*, 1999, Messingstich. Dieses Objekt hat ein Tauchbad für Messingwerkstücke in der zuvor beschriebenen Lösung durchlaufen. Der Glanz entsteht durch eine sanfte Behandlung mit der Messingbürste.

◄ Tauchbäder für Werkstücke aus Kupfer und Messing.

Schweißen
und Löten

D ie Verfahren des Schweißens und Lötens, durch die sich metallische Werkstücke oder Objekte zusammenfügen lassen, sind von grundlegender Bedeutung für das Arbeiten mit Metall, sodass ihnen hier ein eigenes Kapitel gewidmet ist.
Die gebräuchlichsten Schweiß- und Lötverfahren werden hier vorgestellt. Ziel ist es, den Leser mit den grundlegenden Techniken dieser Verbindungsmöglichkeiten vertraut zu machen, die in jeder Werkstatt umgesetzt werden können. Daneben werden die Regeln, die bei den verschiedenen Metallen und Gegebenheiten beachtet werden müssen, erklärt. Erst durch viel praktische Erfahrung stellt sich einige Fertigkeit im Schweißen ein, wobei man auch Fehlschläge hinnehmen muss, bevor das erforderliche Geschick erworben ist. Bei allen Arbeiten ist es notwendig, die Sicherheitsvorschriften zu beachten, die von den Herstellern der Schweißgeräte vorgegeben werden.

Allgemeine Vorbemerkungen

Um die Verfahren der Schweiß- und Lötverbindungen zu verstehen, muss man auch die Bedeutung einiger oft auftauchender Begriffe kennen. **Schweißen** ist das feste Verbinden von zwei Werkstücken mithilfe eines weiteren Materials von gleicher oder ähnlicher Natur wie diese. Zwischen den Werkstücken entsteht dabei die **Schweißnaht**. Beim **Löten** entsteht eine feste Verbindung zwischen Metallteilen, in deren Fuge geschmolzenes **Lot** als Bindemittel eingebracht wird.

Bei den Metallen muss man zwischen dem **Grundmetall** und dem **Auftragsmetall** unterscheiden. Grundmetall sind die zwei oder mehr Werkstücke, die beim Schweißen verbunden werden sollen, das Auftragsmetall ist das Metall, mit dem die Werkstücke des Grundmetalls verbunden werden.

Ein weiterer grundlegender Begriff ist das **Gasschmelzschweißen**, eher bekannt unter dem Begriff **Autogenschweißen**. Er bezeichnet solche Schweißarbeiten, bei denen die zu verbindenden Kanten ohne zusätzliche Verwendung eines Auftragsmetalls verschmolzen werden. Das Material für die Verbindung stammt also vom Grundmetall selbst. Der Begriff »Autogenschweißen« wird häufig fälschlicherweise allgemein zur Bezeichnung des Acetylen-Sauerstoff-Schweißens verwendet.

◀ Ares, *Anubis*, 1999 (36 × 36 × 25 cm). Eisen und Messing, Beispiel einer heterogenen Verbindung von Werkstücken.

▼ Ares, *Der große Lauf*, 1998 (63 × 59 × 10 cm). Eisen; Beispiel einer Verbindung von Werkstücken durch homogene Schweißung.

Homogene Schweißung und heterogene Lötverbindung

Bei Metall wird je nach Grundmetall und eingesetztem Auftragsmetall die geschweißte oder die gelötete Verbindung auf verschiedene Arten erzeugt. Man spricht von **homogener Schweißung**, wenn die zu verbindenden Grundmetalle und das Auftragsmetall gleich oder ähnlich sind. Bei der **heterogenen Lötverbindung** sind die Grundmetalle unterschiedlich oder es unterscheidet sich nur das Auftragsmetall von den Grundmetallen. Technisch gesehen besteht bei der homogenen Schweißung eine metallische Kontinuität mit gutem mechanischem Widerstand zwischen den Metallen, bei der heterogenen Verbindung hingegen nicht.

Die unterschiedlichen Löt- und Schweißverfahren lassen sich, wie nebenstehend dargestellt, in diese beiden großen Gruppen einteilen, deren Besonderheiten in den entsprechenden Abschnitten behandelt werden.

▼ Bei der heterogenen Verbindung lässt sich eine klare Trennung der Oberflächen erkennen; bei der homogenen Schweißung entsteht eine übergangslose Verbindung des Metalls.

ÜBERSICHT ÜBER DIE LÖT- UND SCHWEISSVERFAHREN					
Heterogen		Homogen			
Hartlöten	Weichlöten	Schmelzschweißen		Pressschweißen	
Messing Bronze	Zinn, Blei und Metalle mit niedrigem Schmelzpunkt	Lichtbogenschweißen	Gasschweißen	Widerstandspressschweißen	Schmiedeschweißen
		Stabelektrode, MIG, MAG und WIG	Brenngas-Sauerstoffflamme		

Schweißeignung der Metalle

Die **Schweißeignung** ist die Eigenschaft der Metalle, durch einen Schmelzvorgang verbunden werden zu können. Nicht alle Metalle sind gleich gut schweißbar. Dies hängt von Faktoren wie dem Ausdehnungskoeffizienten, der Fließfähigkeit in geschmolzenem Zustand, der thermischen Leitfähigkeit, dem Reinheitsgrad und dem Schmelzpunkt sowohl des Auftragsmetalls als auch des einen oder beider Grundmetalle ab. Diese Faktoren bestimmen auch die Auswahl des am besten geeigneten Verfahrens, um Metalle verschiedener Art zu verbinden. Für das Schweißen von Kupfer etwa sind starke Wärmequellen erforderlich, da seine thermische Leitfähigkeit zehn Mal höher ist als die des Kohlenstoffstahls, weshalb man die Werkstücke oft zuvor erwärmen muss. Die hohe thermische Leitfähigkeit des Kupfers erschwert es, die für das Schmelzen und Verbinden der Kanten erforderliche Wärme auf einen Bereich zu konzentrieren.

Aber auch der Schmelzpunkt steht mit der Schweißeignung in Zusammenhang. Reine Metalle schmelzen bei einer bestimmten Temperatur. Dies ist jedoch bei Legierungen nicht der Fall, da sie sich aus verschiedenen Metallen zusammensetzen und man daher von einem **Schmelzbereich** spricht. Das heißt, dass

eine Legierung mit einem Schmelzbereich von 850 bis 950 °C beim Erwärmen bei 850 °C zu schmelzen beginnt und erst bei 950 °C ganz geschmolzen ist. Das deutlichste Beispiel dafür ist Messing, das aus einer Kupfer-Zink-Legierung besteht. Zink schmilzt bei 420 °C und erreicht bei 900 °C den Siedepunkt. Messing schmilzt in einem Bereich von 850 bis 1000 °C, was dazu führt, dass sich bei diesen Temperaturen ein Teil des Zinks verflüchtigt. Daher ist der Zinkgehalt der Schweißnaht geringer und die ursprünglichen Eigenschaften des Metalls verändern sich.

Ein weiterer Faktor bzgl. der Schweißeignung ist der Grad der Desoxidation. Geraten Metalle mit Sauerstoff aus der Luft in Kontakt, entsteht eine Oxidschicht, die den Schweißprozess erschwert. Besonders beim Schweißen von Aluminium und seinen Legierungen kann dies ein Problem darstellen. In Verbindung mit Luft entsteht auf dem Aluminium eine feine Oxidschicht, »Aluminiumoxid« genannt. Dieses Oxid schmilzt erst bei 1200 bis 2000 °C, was weit über dem Schmelzpunkt des eigentlichen Metalls, nämlich 660 °C, liegt. Das Aluminiumoxid verhindert so eine Verbindung zwischen dem Grundmetall und dem Auftragsmetall.

Um diese oxidationsbedingten Probleme beim Schweißen zu vermeiden, werden chemische Beizmittel verwendet oder aber man schleift die Oberfläche mechanisch ab, damit die zu schweißenden Bereiche sauber sind.

Ebenso wird empfohlen, Flussmittel wie Borax zu verwenden. Dieses Desoxidationsmittel verhindert die Bildung von Oxiden während des Schweißens; gleichzeitig lässt sich dadurch das Schmelzbad besser kontrollieren, da es genau den richtigen Flüssigkeitsgrad erhält.

▲ Fluss- und Beizmittel tragen dazu bei, die Bildung von Oxiden während der Schweißvorgänge zu vermeiden, bzw. Oxide zu entfernen.

Grundbegriffe der Elektrizität

Elektrizität ist eine der am meisten verwendeten Energiequellen beim Schweißen und Löten. Beim Schmelzschweißen erzeugt sie einen Lichtbogen, beim Widerstandspressschweißen entsteht Hitze durch den Joule-Effekt. Auch beim Weichlöten wird sie in Form von elektrischen Lötkolben eingesetzt. Daher ist es erforderlich, einige Begriffe aus dem Bereich der Elektrizität zu kennen, die bei den Schweiß- und Löttechniken oft verwendet werden.

Der elektrische Strom ist vereinfacht gesagt die Bewegung von Elektronen zwischen den Polen eines Stromkreises. Wenn er stets in die gleiche Richtung vom Minus- zum Pluspol fließt, spricht man von **Gleichstrom (DC)**. Schweißgeräte, die mit Gleichstrom arbeiten, haben eine positive und eine negative Anschlussklemme; der aus dem Netz kommende Strom wird durch einen Gleichrichter umgewandelt. Bei **Wechselstrom (AC)** fließen die Elektronen vom Minus- zum Pluspol und zurück, wobei sie, je nach Land verschieden, die Richtung 50 bis 60 Mal pro Sekunde ändern. Diese Stromart wird von den Stromgesellschaften ins Netz eingespeist. Schweißgeräte, die Wechselstrom einsetzen, sind mit Transformatoren ausgestattet; man kann bei ihnen nicht von Polarität sprechen, da diese ständig wechselt.

Der einphasige Wechselstrom bildet eine Sinuskurve sowohl bei der Spannung als auch bei der Stromstärke, die ständig variieren. Jede vollständige Kurve wird Zyklus genannt und die Anzahl der Zyklen pro Sekunde bezeichnet die Frequenz, die in Hertz (Hz) gemessen wird. Üblicherweise wird in den Werkstätten der **dreiphasige** industrielle Wechselstrom verwendet. Er besteht aus drei einphasigen Wechselströmen.

Die **Stromstärke (I)** entspricht der Anzahl von Elektronen, die pro Zeiteinheit durch einen Abschnitt eines Leiters fließen. Sie wird international in **Ampere (A)** angegeben.

Ein weiterer Grundbegriff ist die Spannung oder Potenzialdifferenz zwischen den Polen, die in **Volt** (V) gemessen wird. Die Stromgesellschaften liefern den Strom mit 125 (USA), 220/230 und 380/400 V, wobei die ersten zwei Stromarten in einphasigem Wechselstrom von 50 oder 60 Hz und die dritte in dreiphasigem Wechselstrom bereitgestellt werden. Für andere Zwecke kann eine Stromspannung von bis zu 25 000 V geliefert werden und über große Entfernungen lassen sich Spannungen bis zu 400 000 V übertragen.

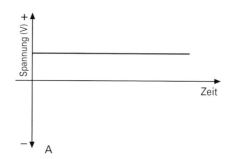

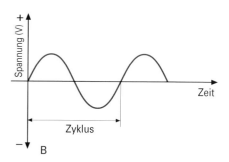

▲ A) Bei Gleichstrom bleiben Richtung und Wert der Stromstärke stets konstant. B) Bei Wechselstrom ändert sich die Richtung der Stromstärke periodisch.

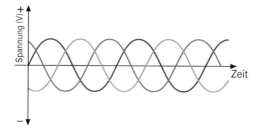

◄ Der dreiphasige Wechselstrom besteht aus drei einphasigen Wechselströmen.

Lichtbogen

Der Lichtbogen dient beim Schweißen als Wärmequelle, die das Auftrags- und das Grundmetall zum Schmelzen bringt. Er entsteht, indem Strom zwischen zwei leicht voneinander entfernten Leitern durch ein Gas fließt. Einer der Leiter ist die **Elektrode**, die bei den meisten Arten des Lichtbogenschweißens aus dem Auftragsmetall besteht (mit Ausnahme des WIG-Verfahrens). Der zweite Leiter ist die **Masse**, die das Grundmetall der zu verbindenden Werkstücke bildet. Die gashaltige Zone, die vom elektrischen Strom durchquert wird, die

Plasmasäule, kann aus Luft bestehen, die beim Überspringen des Funkens ionisiert wird und den zu verschweißenden Bereich umgibt. Oder sie besteht aus den von der Umhüllung der Elektrode entweichenden Dämpfen oder einem Schutzgas, das bei einigen Schweißverfahren eingesetzt wird. Im Bereich der Plasmasäule entsteht immer eine hohe Temperatur, die die Metalle dort aufschmilzt. Der Lichtbogen ist die Folge der Umformung der elektrischen Energie in Wärme und Licht und erreicht Temperaturen von bis zu 6000 °C.

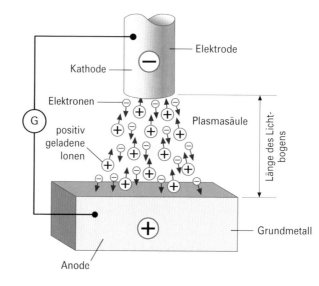

◄ Die Elektronen fließen zum Pluspol und die positiv geladenen Ionen zum Minuspol. Als Folge entsteht eine Plasmasäule, die bis zu 6000 °C heiß werden kann.

Schweißstromquellen für das Lichtbogenschweißen

Die Stromerzeuger liefern Wechselstrom in niedriger Stromstärke und hoher Voltzahl. Für das Schweißen sind jedoch eine hohe Stromstärke und eine geringe Spannung erforderlich, mit Werten zwischen 50 und 1500 A und 20 bis 80 V; nur so kann ein stabiler Lichtbogen entstehen. Mit entsprechenden Schweißstromquellen lässt sich Netzstrom in Wechselstrom oder Gleichstrom mit den genannten Eigenschaften umwandeln. Die meistverwendeten Schweißstromquellen sind Transformatoren, Gleichrichter und Wechselrichter. Die Transformatoren verändern die Spannung und die Stärke des Netzstroms, also des Wechselstroms. Gleichrichter wandeln hingegen Wechselstrom in Gleichstrom, während Wechselrichter Gleichstrom in Wechselstrom wandeln.

Meist hängt der Einsatz der jeweiligen Schweißstromquelle davon ab, wie anspruchsvoll die Schweißverfahren sind. So liefert die Schweißstromquelle für die Schweißverfahren MIG und MAG mittels eines dem Trafo nachgeschalteten Gleichrichtersatzes Gleichstrom. Dagegen werden für das Schweißen mit Stabelektroden Transformatoren mit oder ohne Wechselrichter verwendet, je nach der auf professionellem Niveau eingesetzten Elektrode oder der gewünschten Leerlaufspannung.

Die Schweißnaht

Die Schweißnaht (»Schweißraupe«) entsteht, wenn Metall während des Schweißens zugeführt wird. Hierbei lassen sich zwei Bestandteile unterscheiden: **Decklage** und **Wurzel**. Schon allein durch ihr Aussehen lässt sich eine gute Schweißnaht von einer schlechten unterscheiden. So ist das Austreten der Wurzel einer Schweißnaht ein Garant dafür, dass sie ausreichend zwischen die Werkstücke eingedrungen ist und eine gute Verbindung geschaffen hat. Hingegen ist eine Schweißnaht mit überhöhter Stärke der Decklage im Verhältnis zur Stärke der verbundenen Werkstücke ein Hinweis auf eine zu geringe Einbrandtiefe und damit auf eine schwache Verbindung.

Für den Aufbau der Schweißnaht ist die Bewegung wichtig, mit der die Elektrode, der Schweißstab oder Schweißbrenner während des Schweißfortschritts geführt werden; die Schweißnaht kann also gerade oder geschwungen sein. Im ersten Fall wird die Naht ohne Pendelbewegung ausgeführt. Sie ist für Werkstücke geringer Stärke geeignet und erlaubt, den Schweißvorgang schnell auszuführen, sodass man Wärmezufuhr und Verformungen gering halten kann. Für eine geschwungene Schweißnaht wird eine seitliche Pendelbewegung entsprechend den verschiedenen Formaten von Auftragsmetall ausgeführt, um den Einbrand an Kanten mittlerer und großer Stärke sicherzustellen. Man unterscheidet vier Pendelbewegungen: kreisförmige Bewegungen, die für Schweißnähte nötig sind, die weder eine große Metallzufuhr noch eine erhöhte Einbrandtiefe benötigen; halbkreisförmige Bewegungen, die einen Bogen beschreiben und ein gutes Aufschmelzen der Kanten sicherstellen; zickzackförmige Bewegungen für breite Schweißraupen und ein schnelles Auffüllen der Verbindungen sowie verschlungene Bewegungen für abschließende Schweißnähte, die die Schweißraupen zum Auffüllen überdecken und eine schöne Naht hinterlassen.

◀ Die Zeichnungen auf einem Blech aus unlegiertem Stahl werden von Schweißraupen aus rostfreiem Stahl gebildet. Abgesehen von ihrer Aufgabe, Metalle zu verbinden, können Schweißraupen auch als grafisches und ästhetisches Gestaltungsmittel eingesetzt werden.

▼ Decklage und Wurzel einer Schweißraupe.

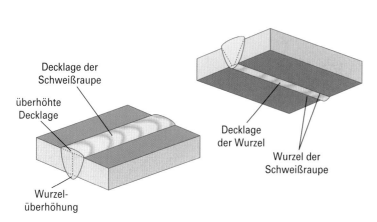

Decklage der Schweißraupe

überhöhte Decklage

Decklage der Wurzel

Wurzel der Schweißraupe

Wurzel-überhöhung

A   B   C   D

▲ Übersicht über die Pendelbewegungen bei der Herstellung einer Schweißnaht: kreisförmig (A), halbkreisförmig (B), zickzackförmig (C), verschlungen (D).

Typologie der Schweißverbindungen

Es gibt verschiedene Möglichkeiten, Werkstücke durch eine Schweißnaht zu verbinden. Sie hängen von der Art des Schweißverfahrens ab, dem zu verschweißenden Grundmetall, den Besonderheiten der Verschweißung und den Hilfsmitteln, die zur Verfügung stehen. Form und Maße der Werkstücke haben ebenfalls Einfluss auf die Verbindung. So sollte etwa für das heterogene Weichlöten eine möglichst große Kontaktfläche zwischen den Werkstücken vorhanden sein, um wegen der Kapillarwirkung das Auffüllen des Zwischenraumes zu erleichtern und auf diese Weise eine höhere Festigkeit zu erzielen. Um eine Schweißnaht ohne Auftragsmetall auszuführen, müssen sich die zu verbindenden Kanten ständig berühren, damit jedes Werkstück einen Teil des Materials zur Bildung der Verbindung abgibt.

Die verschiedenen Verbindungstypen oder Stoßarten sind: Stumpfstoß, Eckstoß, T-Stoß und Überlappstoß. Diese Begriffe beschreiben die Anordnung der zu verschweißenden Werkstücke zueinander. Stumpfstoß und Eckstoß sind die am häufigsten auftretenden Fälle, bei denen kein zusätzliches Material nötig ist, wie beim Acetylen-Sauerstoff-Schweißen oder beim WIG-Verfahren ohne Auftragsmetall. Der Überlappstoß wird beim Weichlöten, Hartlöten und Widerstandspressschweißen oft eingesetzt.

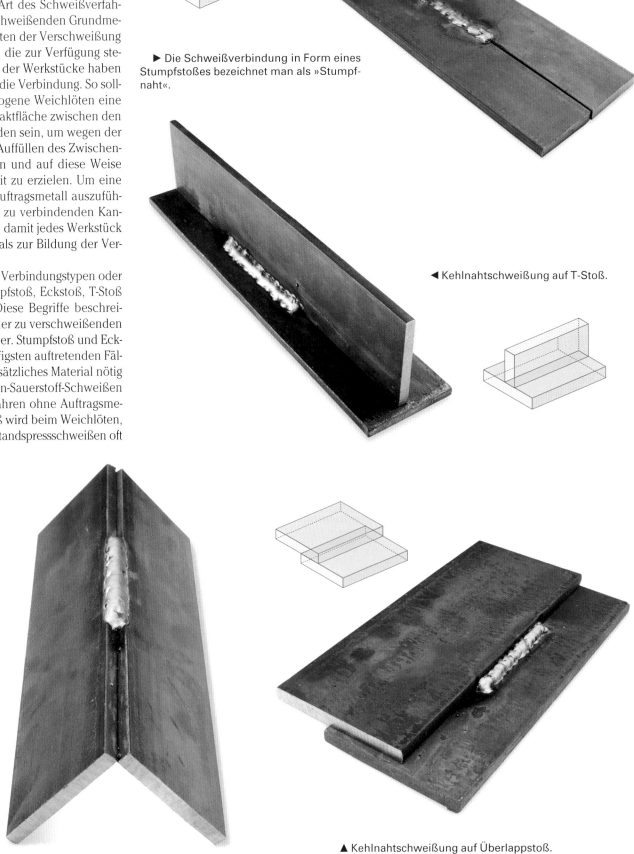

► Die Schweißverbindung in Form eines Stumpfstoßes bezeichnet man als »Stumpfnaht«.

◄ Kehlnahtschweißung auf T-Stoß.

► Kehlnahtschweißung an Ecke oder Winkel.

▲ Kehlnahtschweißung auf Überlappstoß.

Vorbereitung der Kanten

Damit eine Schweißung höchste Festigkeit hat, müssen Kanten und Oberflächen der Werkstücke gut vorbereitet werden. Diese Maßnahme wirkt sich sowohl auf das Schweißen als auch auf das Ergebnis vorteilhaft aus. Man unterscheidet je nach Kanten oder Oberflächen, an denen Schweißnähte anzubringen sind, drei Schritte: die Vorbereitung gerader, abgeschrägter und umgebogener Kanten.

Bei geraden Kanten geht es darum, diese senkrecht zur Oberfläche des Werkstücks zu positionieren. Meist lässt man einen Spalt zwischen den Stücken frei – etwa die Hälfte der Blechstärke –, um mehrlagiges Schweißen zu ermöglichen. Eine Ausnahme bilden die Fälle, bei denen kein Auftragsmetall eingesetzt wird; hier müssen die Kanten aneinander stoßen. Diese Vorbereitungen gelten für Werkstücke bis 3 mm Kantenstärke; bei stärkeren Stücken werden die Kanten abgeschrägt. Die abgeschrägten Kanten bilden einen Winkel, dessen Größe in Abhängigkeit von der Blechstärke variiert. Der Winkel gewährleistet eine gute Einbrandtiefe des Schmelzbades und somit die Festigkeit der Verbindung. Bei Werkstücken mit 5 bis 10 mm Stärke wird eine V-Abschrägung vorgenommen; dazu wird jedes Werkstück mechanisch von einem Winkelschleifer abgeschliffen, bis es einen Winkel von 45° hat. Setzt man beide abgeschrägten Kanten der Werkstücke zusammen, so entsteht ein Winkel von 90° in V-Form. Der spitze Teil der Kanten, »Steg«, bleibt meist gerade, damit er beim Schweißen nicht wegbrennt.

Bei Kanten mit mehr als 10 mm Stärke wird eine X-förmige Abschrägung durchgeführt. Diese Abfasung ist in Wirklichkeit eine V-förmige Abschrägung, die jeweils auf beiden Seiten der Kanten vorgenommen wird, wobei der Steg berücksichtigt werden muss.

Eine weitere Vorbereitung besteht im Hochbiegen der Kanten. Dabei werden die Kanten der zu verbindenden Werkstücke vorn leicht umgebogen. Sie stellen beim Schmelzen die für das Schmelzbad erforderliche Materialmenge zur Verfügung, sodass kein Auftragsmetall nötig ist. Dieses Verfahren wird bei Kantenstärken von 1 mm eingesetzt und ist beim Schweißen von Kupfer und Messingblechen sehr effektiv. Diese Methode ist vor allem für Gasschweißen ohne Auftragsmetall und beim WIG-Schweißen geeignet.

Schweißpositionen

Schweißnähte können in verschiedenen Positionen durchgeführt werden: horizontal oder flach, angewinkelt, vertikal steigend oder fallend, in Quer- sowie in Überkopf-Position. Nach Möglichkeit sollten die Werkstücke immer in horizontaler Position verbunden werden, da so die beste Schweißnaht erzielt wird. Als Faustregel gilt: Bei Schweißprozessen über Kopf muss die Stromstärke um 10 % im Vergleich zu horizontalen Schweißpositionen reduziert werden, um der Schwerkraft entgegenzuwirken, die auf das schmelzende Metall einwirkt. Die **fallende** Position beim **vertikalen** Schweißen wird bei Werkstücken von geringer Stärke eingesetzt, da die geringe Einbrandtiefe des Schmelzbades in dieser Position die Entstehung von Löchern verhindert. Hingegen ist das vertikal steigende Schweißen bei Blechstärken von über 6 mm angezeigt, da der Einbrand dabei stärker ist.

▶ Möglichkeiten der Vorbereitung von Kanten, die die Schweißraupen aufnehmen sollen: gerade (A), V-förmig abgeschrägt (B), X-förmig abgeschrägt (C) und hochgebogen (D).

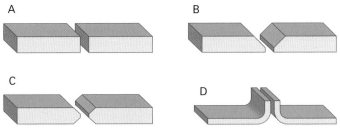

▶ Sind die Werkstücke mehr als 3 mm stark, nimmt man Abschrägungen vor, um eine perfekte Verbindung der Werkstücke zu gewährleisten.

▼ Verschiedene Positionen von Schweißnähten: horizontal oder flach (A), angewinkelt (B), vertikal steigend (C), vertikal fallend (D), in Querposition (E) und in Überkopf-Position (F).

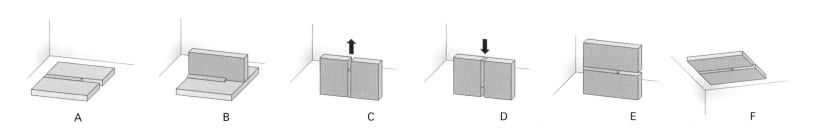

A   B   C   D   E   F

Verformungen der Werkstücke

Bei allen Schmelzschweißverfahren dehnen sich die Metalle aufgrund der Hitze aus. Mit ihrer Ausdehnung nimmt das Volumen der Werkstücke zu, das später beim Abkühlen wieder abnimmt. Werden die Teilstücke gleichmäßig erhitzt und können sie gleichmäßig wieder abkühlen, kommt es dabei kaum zu unerwünschten Verformungen. Andernfalls verformen sich die Werkstücke vollständig oder auch nur teilweise.

Im Allgemeinen finden lokal begrenzte Erwärmungen in den Bereichen der Schweißraupen statt. Diese erwärmten Bereiche sind von kühleren Stellen umgeben, die eine freie Ausdehnung des Metalls verhindern, was wiederum zu Verformungen und inneren Spannungen in den Werkstücken führt.

Maßnahmen gegen Verformungen

Es gibt verschiedene Möglichkeiten, den beim Schweißen hervorgerufenen Verformungen entgegenzuwirken. Um sie auf ein Minimum zu reduzieren, sollte man zunächst nicht mehr Auftragsmetall bei der Verbindung verwenden als erforderlich; so vermeidet man eine zu starke Erwärmung der Werkstücke. Des Weiteren hilft es, die Kanten so symmetrisch wie möglich und mit dem kleinstmöglichen Winkel bei der Kantenabschrägung zu gestalten; danach ist es wichtig, die Werkstücke gut zu fixieren, etwa indem man sie in Schraubzwingen spannt oder durch schwere Gegenstände fixiert. So verhindert man ein Verziehen, das sich aufgrund der inneren Spannungen bilden würde, die bei der Ausdehnung entstehen. Eine weitere Möglichkeit gegen das

Verziehen besteht darin, die Werkstücke in entgegengesetzter Richtung zur vorhersehbaren Verformung vorzubiegen. Der Schweißprozess selbst ist ebenfalls wichtig für die Verformung. Schnelles Schweißen der Nähte reduziert den Hitzeverbrauch, oder aber man erwärmt die Werkstücke vor dem Schweißen, damit sie nicht zu schnell abkühlen und sich langsam an die Volumenveränderung anpassen können. Dies ist bei dicken Werkstücken vorteilhaft. Möglich ist auch symmetrisches Schweißen der Nähte, bei dem jede neue Schweißraupe den durch die vorige Schweißraupe hervorgerufenen Verformungen entgegenwirkt. Auch kann die gezielte Anordnung der Schweißraupen, das heißt die Reihenfolge, in der sie gelegt werden, den Verformungen entgegenwirken. Daher setzt man bei langen Verbindungen die als »Pilgerschritt« bekannte Methode ein. Man stellt dazu kleine Schweiß-

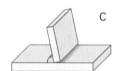

◄ Arten der Verformung: Winkelverzug bei Stumpfstoß (A), Längsverzug (B) und Winkelverzug bei einer T-Verbindung (C).

◄ Durch Beschweren der Werkstücke lässt sich ein unerwünschtes Verformen während des Schweißens verhindern.

raupen in entgegengesetzter Richtung zur fortschreitenden Schweißverbindung her, um die Verformung auszugleichen. Ähnlich wirken versetzte Schweißnähte. Dabei wechseln zunächst Schweißraupen mit offenen Abschnitten ab, die man im nächsten Schritt schließt; auch hier arbeitet man die Nähte in entgegengesetzter Richtung zum Schweißverlauf.

Trotz aller Vorsichtsmaßnahmen gegen Verziehen und Spannungen lassen sie sich doch nicht immer ganz verhindern. Verfahren zum Ausbessern von Verformungen basieren auf thermischen Behandlungen nach dem Schweißen. Hierbei werden die Werkstücke als Ganzes oder zum Teil erwärmt und allmählich wieder abgekühlt.

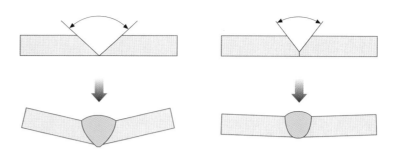

▲ Eine Schweißraupe in einer Abschrägung mit eher stumpfem Winkel führt zu einem stärkeren Verziehen als eine Raupe in einem spitzeren Winkel.

▼ Reihenfolge der einzelnen Schweißnähte beim so genannten Pilgerschritt (A) und beim versetzten Schweißen (B).

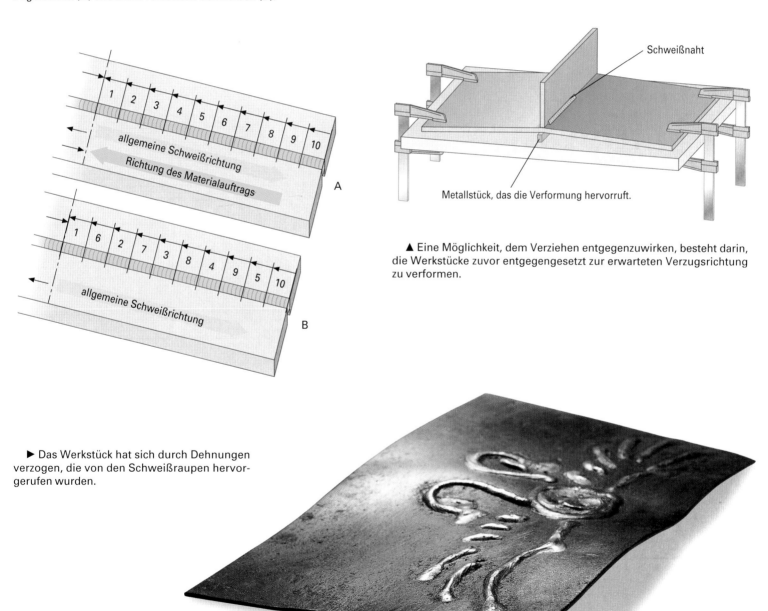

A

allgemeine Schweißrichtung
Richtung des Materialauftrags

B

allgemeine Schweißrichtung

Schweißnaht

Metallstück, das die Verformung hervorruft.

▲ Eine Möglichkeit, dem Verziehen entgegenzuwirken, besteht darin, die Werkstücke zuvor entgegengesetzt zur erwarteten Verzugsrichtung zu verformen.

▶ Das Werkstück hat sich durch Dehnungen verzogen, die von den Schweißraupen hervorgerufen wurden.

Elektrodenschweißen

Das Elektrodenschweißen, bei dem das Auftrags- und Grundmetall schmelzen, erfordert viel Erfahrung, da man mehrere Regeln beachten und beherrschen muss. Die erforderlichen Geräte dagegen sind einfach und günstig zu erwerben sowie leicht zu transportieren. Mit diesem Verfahren können viele Metalle, die stärker als 1,5 mm sind, geschweißt werden. Metalle mit einem niedrigen Schmelzpunkt wie etwa Blei, Zinn oder Zink und ihre Legierungen können damit jedoch nicht geschweißt werden, weil die entstehenden Temperaturen viel zu hoch sind. Für Eisen-Metalle (Kohlenstoffstahl, Stahllegierungen, rostfreien Stahl und Gusseisen) sowie einige Nichteisen-Metalle (Aluminium, Kupfer, Nickel und deren Legierungen) ist das Verfahren hingegen geeignet.

Die Stabelektrode

Sie erzeugt den Lichtbogen, sie schützt das Schmelzbad und fügt das Auftragsmetall hinzu. Die Stabelektrode besteht aus dem **Kernstab** und einer **Umhüllung**, die sich aus verschiedenen chemischen Stoffen zusammensetzt. Der Kernstab wiederum besteht aus verschiedenen eisenhaltigen und nichteisenhaltigen Metallen, je nach dem zu schweißenden Grundmetall. Die Umhüllung hat die Aufgabe, den Lichtbogen zu stabilisieren und Gase zu bilden, die das Schmelzbad vor dem Kontakt mit Sauerstoff und Stickstoff aus der Luft schützen. Sie bildet auch Schlacke, die die Schweißraupe bedeckt und auf diese Weise ein plötzliches Abkühlen, das zu Rissen führen könnte, verhindert; darüber hinaus werden die erneute Oxidation der Schweißraupe und die Entstehung von Poren in ihrem Inneren, durch die sie brüchig werden würde, vermieden.

Stabelektroden lassen sich je nach ihrer Umhüllung in fünf Haupttypen unterteilen: rutile, basische, cellulosehaltige, saure und oxidierende Elektroden. Die häufigste Art ist die rutile Elektrode, deren Umhüllung aus Titaniumdioxid besteht und die bei Wechselstrom oder Gleichstrom einsetzbar ist; im letzten Fall wird der Strom an den Minuspol angeschlossen. Darüber hinaus ist der rutile Typ in jeder Schweißhaltung einsetzbar (horizontal, vertikal, quer und in Überkopf-Position) und erzeugt einen stabilen und weichen Lichtbogen, der leicht zu handhaben ist. Dabei wird eine dichte Schlacke erzeugt, die sich gleichmäßig entlang der Schweißraupe verteilt. Basische

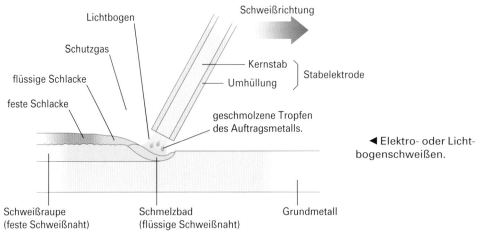

Lichtbogen

Schweißrichtung

Schutzgas

flüssige Schlacke

feste Schlacke

Kernstab

Umhüllung

Stabelektrode

geschmolzene Tropfen des Auftragsmetalls.

◄ Elektro- oder Lichtbogenschweißen.

Schweißraupe (feste Schweißnaht)

Schmelzbad (flüssige Schweißnaht)

Grundmetall

▼ Bestandteile einer Stabelektrode.

nicht umhüllte Spitze

Umhüllung

Kernstab

◄ Unterschiedlich lange Elektroden mit verschiedenen Durchmessern.

Elektroden fließen weniger, sie lassen sich schwerer zünden, und die Schlacke kann weniger gut entfernt werden.

Die übrigen Stabelektroden haben spezielle Eigenschaften, die ihre Handhabung erschweren; ihre Verwendung empfiehlt sich für besondere Schweißarbeiten, die von erfahrenen Fachleuten ausgeführt werden.

Die Auswahl der richtigen Elektroden ist nicht ganz einfach und erfordert einige Erfahrung. Grundsätzlich gilt, dass die Stabelektrode dem verwendeten Werkstoff angepasst sein muss. Informationen zum Anwendungsbereich, zur Eignung für unterschiedliche Schweißpositionen, zu Stromart und Festigkeit finden sich auf der Verpackung. Durch internationale Normierungen werden all diese Informationen beschrieben.

Durchmesser der Elektrode

Elektroden gibt es je nach dem Durchmesser des Kernstabs in genormten Längen von 150, 200, 250, 300, 350 und 400 mm. Auch der Durchmesser des Kernstabs ist genormt, wobei 1,6 / 2 / 2,5 / 3,25 und 4 mm am häufigsten sind.

Der Elektrodendurchmesser wird in Abhängigkeit von der Materialstärke der zu verschweißenden Werkstücke gewählt. Ein zu großer Elektrodendurchmesser würde zu viel Hitze erzeugen und Einbrandkerben des Metalls an der Schweißstelle verursachen; ein zu kleiner Durchmesser hingegen würde zu einem höheren Elektrodenverbrauch führen und das Werkstück über eine längere Zeit stärker erwärmen, wodurch es sich verformen würde.

▼ Den nicht umhüllten Teil der Elektrode legt man zwischen die Backen der Elektrodenklemme.

▲ Auf den Stabelektronen selbst und auf der jeweiligen Verpackung finden sich Informationen zu Umhüllungstyp, Festigkeit, Stromart und geeigneten Schweißpositionen.

Schweißparameter

Beim Schweißen mit Mantelelektroden gibt es einige wichtige grundlegende Parameter.

Der **Durchmesser** der Elektrode ist in Abhängigkeit von der Werkstückstärke, der Verbindung und der Schweißposition zu wählen. So sind dicke Elektroden bei der Überkopf-Position, der Quer- oder der horizontalen Position zu vermeiden, damit das geschmolzene Auftragsmetall nicht nach unten fällt. Meist sind Elektroden mit geringen Durchmessern für dünnere Werkstücke angezeigt, ebenso beim anfänglichen Heften der Nahtfugen.

Die **Stromstärke** beim Schweißen beeinflusst die Einbrandtiefe der Schweißnaht in das Grundmetall. Sie hängt vom Elektrodendurchmesser und der Schweißposition ab. Je höher die Stromstärke, desto stärker die Einbrandtiefe; eine zu hohe Stromstärke führt jedoch zu Einbrandkerben an den Kanten und zu einer stärkeren Streuung der Spritzer. Die Schweißposition beeinflusst ebenfalls die Güte der Schweißung; so ist bei der horizontalen und der Querposition eine höhere Stromstärke erforderlich als bei der Überkopf-Position. Bei der angewinkelten Schweißposition muss die Stromstärke deutlich höher als bei den anderen Positionen sein, damit sichergestellt ist, dass das Schmelzbad in ausreichendem Maße in den Winkel einbrennt.

Die **Lichtbogenlänge** beeinflusst ebenfalls die Qualität der Schweißnaht und hängt mit der Stromstärke, dem Durchmesser und Typ der Elektrode sowie mit der Schweißposition zusammen. Allgemein sollte die Lichtbogenlänge dem Elektrodendurchmesser entsprechen. Ebenso ist es erforderlich, während des gesamten Schweißprozesses einen konstanten Abstand zwischen der Elektrode und dem Werkstück einzuhalten.

Die **Schweißgeschwindigkeit** sollte so gewählt werden, dass sich der Lichtbogen stets etwas vor dem Schmelzbad befindet. Eine schnelle Schweißgeschwindigkeit verhindert ein Überhitzen des Grundmetalls und führt zu feinen Schweißraupen, die rasch abkühlen. Schweißt man allzu schnell, wird das Entfernen der Schlacke erschwert.

Die **Neigung** der Elektrode im Verhältnis zm Werkstück beeinflusst Form und Güte der Schweißraupe. Eine schlecht gewählte Neigung kann dazu führen, dass Schlacke in der Schweißraupe eingeschlossen wird. Die Neigung wird von zwei Winkeln definiert: dem Längswinkel zwischen Elektrode und Schweißraupe sowie dem Seitenwinkel zwischen Elektrode und den Werkstücken. Diese Winkel variieren je nach Schweißposition.

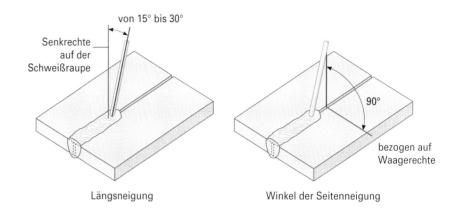

▲ ▼ Ungefähre Winkelmaße der Elektrode zum Werkstück und der Schweißraupe bei verschiedenen Schweißpositionen.

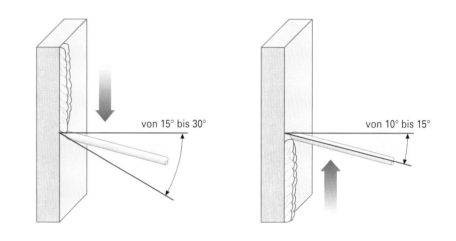

▲ Wenn die richtige Schweißstromstärke eingestellt ist, entsteht eine schlüssellochförmige Öffnung am Ende der Schweißraupe. Diese Öffnung darf nicht zu groß sein; wäre dies der Fall, ist die Stromstärke zu hoch. In der Abbildung ist am Ende der Schweißraupe die Öffnungsgröße zu erkennen, die die korrekte Stromstärke beim Schweißen anzeigt.

Das Zünden des Lichtbogens

»Den Lichtbogen zünden« bedeutet, die Elektrode zu zünden, indem man zwischen ihr und dem Werkstück mit Masseanschluss einen Kurzschluss verursacht und so den Lichtbogen erzeugt. Gleich darauf beginnt man zu schweißen.

Das Zünden erfolgt durch ein Auftupfen der Elektrodenspitze auf die Stelle am Werkstück, an der das Schweißen beginnen soll; dann wird die Elektrode sofort auf einen Abstand abgehoben, der dem Elektrodendurchmesser entspricht; nun entsteht der Lichtbogen. Eine andere Möglichkeit der Zündung besteht darin, die Elektrodenspitze so über das Werkstück zu führen, als wolle man ein Streichholz anreißen.

Unabhängig von der Zündungsmethode ist es wichtig, sofort die Elektrode auf den angemessenen Abstand abzuheben, um den Lichtbogen stabil zu halten. Ansonsten bleibt sie auf dem Werkstück kleben und wird wegen des durchfließenden Stromes schnell rotglühend. In diesem Fall ist die Elektrode schnell abzuheben, indem die Elektrodenklemme hochgezogen wird. Bleibt dies ohne Erfolg, löst man die Elektrodenklemme von der Elektrode. Beide Verfahren werden durchgeführt, ohne den Schweißschutzschild vom Kopf zu nehmen!

Wenn der Lichtbogen steht, beginnt man mit angepasster Schweißgeschwindigkeit, Stromstärke, Neigung der Elektrode und Lichtbogenlänge zu schweißen. Sind alle Parameter korrekt eingestellt, so ist ein typisches Geräusch zu hören, das dem Zischen von heißem Öl in der Pfanne ähnelt.

▼ Zwei Arten, den Lichtbogen zu zünden: 1. leichtes Auftupfen der Elektrodenspitze auf das Werkstück (A); 2. eine Streichbewegung mit der Elektrodenspitze, wie beim Anreißen eines Streichholzes (B).

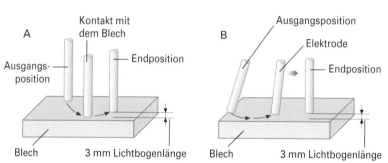

▲ Die Masseklemme wird an dem zu verschweißenden Werkstück befestigt, sodass sich der Stromkreis schließt, sobald die Elektrode das Werkstück berührt.

◄ Direkt nach dem Schweißen festigt sich die Schlacke. Wenn man sie im Schmelzbad nicht genügend kontrolliert, wird sie in die Schweißraupe eingeschlossen. Um dies zu vermeiden, darf die Schlacke nicht vor das Schmelzbad gelangen.

Widerstandspressschweißen

Das Widerstandspressschweißen beruht auf dem **Joule-Effekt,** nach dem jeder von Strom durchflossene Leiter sich erwärmt. Die Temperatur erhöht sich, wenn entweder der Widerstand des Leiters, die Stromstärke oder die Zeit des Stromdurchflusses ansteigt. Beim Widerstandspressschweißen entsteht die für das Schmelzen des Metalls erforderliche Wärme durch die hohe Stromstärke, die man für kurze Zeit durch die Verbindung fließen lässt; hierfür werden zwei Kupferelektroden verwendet. Aufgrund des Stromdurchflusses durch die zu verschweißenden Werkstücke entsteht Wärme, besonders an ihren Berührungspunkten. Zusätzlich zu der Wärme, die durch die Stromstärke verursacht wird, muss auf die zu verbindende Stelle Druck ausgeübt werden, solange der Strom fließt.

Meist arbeiten Widerstandspressschweißgeräte mit einphasigem oder dreiphasigem Wechselstrom, der von einem Transformator erzeugt wird und über zwei Kupferarme, so genannte **Kontaktelektroden,** übertragen wird. Ein externer Zeitschalter steuert die Zeit des Stromdurchflusses, während ein mechanischer Hebel über die Elektroden Druck auf die Schweißstelle ausübt. Die häufigste Methode für das Widerstandspressschweißen ist das **Punktschweißen,** außerdem gibt es z.B. das Rollennahtschweißen, Buckelschweißen oder auch das Abbrennstumpfschweißen. Durch sie lassen sich Werkstücke aus Kohlenstoffstahl, rostfreiem Stahl, Aluminium oder Kupfer verbinden.

Der Schweißvorgang

Für eine Punktschweißung muss die Verbindung aus einem Überlappstoß bestehen. Auf den sich überlappenden Werkstücken werden zwei Kupferelektroden angebracht, die bei Stromdurchfluss Druck ausüben. Dabei bildet sich eine für diese Schweißart typische Linse. An diesem Punkt schmelzen und verbinden sich beide Metallstücke aufgrund des Drucks und der durch den Strom erzeugten Wärme. Der Schweißpunkt befindet sich unter den Elektroden, wo auch der elektrische Widerstand am größten ist, sodass dort die größte Hitze herrscht.

▶ Dieser Schweißvorgang verbindet Werkstücke im Überlappstoß.

▼ Typische Punktschweißungen.

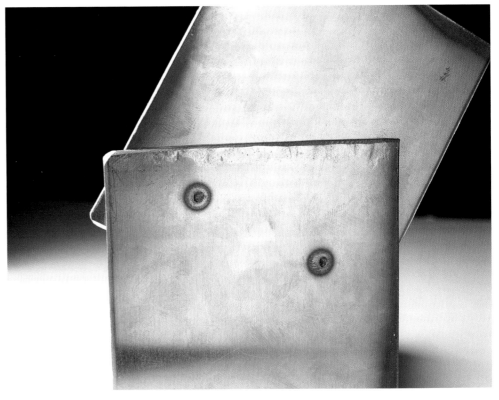

▼ Das Widerstandspressschweißen. Wenn die Elektroden mit den Werkstücken in Kontakt kommen, entsteht anfangs, bevor der gesamte Druck auf die Werkstücke ausgeübt wird, auf nur etwa 10 bis 30 % des Querschnitts eine Kontaktfläche (A). Wird der gesamte Druck ausgeübt, vergrößert sich die Fläche (B). Zu Beginn des Stromdurchflusses beschränkt sich die Wärme auf die Kontaktfläche (C). Es bildet sich eine Linse und die Wärme nimmt zu (D). Zum Ende des Stromdurchflusses belässt man die Elektroden weiterhin in Kontakt mit dem Werkstück, damit die Wärme entweichen kann (E). Beim Abheben der Elektroden bleibt auf der Oberfläche des Werkstücks eine Schweißmarke zurück (F).

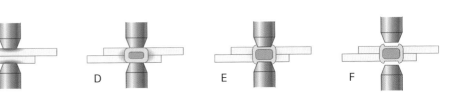

A   B   C   D   E   F

Bei einigen Lichtbogenschweißverfahren wird das Schmelzbad während des Schweißens durch eine Hülle aus Gas geschützt. Die Hauptaufgabe dieses Gases besteht darin, zu verhindern, dass das Schmelzbad und die Elektrode verunreinigt werden oder oxidieren. Luft besteht vor allem aus Stickstoff und Sauerstoff sowie Wasserdampf. Kommt das Schmelzbad mit Sauerstoff in Kontakt, so reagiert es mit diesem und bildet Oxide. Bei Kontakt mit Stickstoff hingegen bilden sich Poren bzw. kleine Bläschen in der Schweißnaht, die zu inneren Rissen in der Naht führen. Durch diese Einflüsse werden die Schweißverbindungen geschwächt und sind nicht zuverlässig.

Zusätzlich zu seiner Schutzfunktion trägt das Gas auch dazu bei, den Lichtbogen stabil zu halten und das Schweißen zu erleichtern.

Die bei diesen Verfahren eingesetzten Gase lassen sich in zwei Gruppen einteilen: Aktivgase und Inertgase. Als **Aktivgase** werden diejenigen betrachtet, die chemisch auf die Lichtbogentemperatur reagieren. **Inertgase** verändern sich hingegen nicht. Zur ersten Gruppe gehören Sauerstoff, Kohlendioxid, Stickstoff und Wasserstoff, zur zweiten Argon und Helium. Es werden auch Mischgase verwendet; ein Gemisch ist inert, wenn die das

Gemisch bildenden Gase es sind; es ist hingegen aktiv, wenn eines der Einzelgase es ebenfalls ist. Dies gilt unabhängig von dem Anteil des Aktivgases in der Mischung. Eine Aktivgasmischung besteht zum Beispiel aus Argon und Kohlendioxid, eine Inertgasmischung aus Argon und Helium.

Die drei Schweißverfahren mit Lichtbogen und Schutzgas sind unter den Bezeichnungen MIG, MAG und WIG bekannt. Die Abkürzungen MIG und MAG beziehen sich auf den gleichen Schweißvorgang, bei dem die Elektrode sich aufbraucht; sie besteht aus einem massiven Metalldraht ohne Umhüllung, der das Auftragsmetall darstellt und automatisch von dem Schweißgerät nachgeführt wird. Der Unterschied zwischen den beiden Verfahren besteht im verwendeten Gas. Die Abkürzung MIG bedeutet **M**etall-**I**nert-**G**as, das heißt, es werden Inertgase eingesetzt; die Abkürzung MAG bedeutet **M**etall-**A**ktiv-**G**as, das heißt, es kommen Aktivgase zur Anwendung. Die Abkürzung WIG steht für **W**olfram-**I**nert-**G**as, da bei diesem Verfahren eine nicht abschmelzende Wolframelektrode verwendet wird und ein Lichtbogen in einer Inertgas-Schutzhülle entsteht. Als Gas wird meist reines Argon verwendet.

Verfahren MIG und MAG

Bei den allgemein als MIG und MAG bezeichneten Schweißverfahren entsteht zwischen der Elektrode und dem Grundmetall ein elektrischer Lichtbogen. Der Lichtbogen ist von einer Schutzgashülle umgeben, die beim MIG-Verfahren aus Inertgas und beim MAG-Verfahren aus Aktivgas besteht. Beide Verfahren verwenden als Elektrode einen kontinuierlich nachgeführten Draht mit kleinem Durchmesser, der von mehreren Kilogramm wiegenden Spulen durch ein Zugsystem im Schweißgerät automatisch zugeführt wird. Der kontinuierlich nachgeführte Draht hat keine Umhüllung, die ihn vom Schmelzen abhalten würde, und erzeugt daher auch keine Schlacke.

Die Schutzwirkung entsteht, indem ein Gas aus einer Düse geblasen wird, die das Endstück des Elektrodendrahtes umgibt. Das Gas entweicht bei leicht über dem Luftdruck liegendem Druck, um die Umgebungsluft des Schweißbereiches, in dem der Lichtbogen erzeugt wird, zu verdrängen. So kann der Lichtbogen entstehen, das Auftragsmetall fließen und die Werkstückkanten schmelzen. Beim MIG- und auch beim MAG-Verfahren handelt es sich um **halbautomatische Verfahren**, bei denen der Brennerhandgriff, durch den Strom, Auftragsmetall und Schutzgas fließen, mit der Hand gehalten und geführt wird.

▲ Industrielle Metallgasflaschen sind in vielen Ländern farblich gekennzeichnet, um eine sofortige Zuordnung zu ermöglichen, darüber hinaus besitzen sie einen Gefahrgutaufkleber, der über die Eigenschaften des jeweiligen Gases informiert. Abgebildet werden hier nur die für das Lichtbogenschweißen verwendeten Flaschen. Gemäß der neuen europäischen Norm (EN 1089-3) ist der Flaschenkörper einer Argon-Gasflasche schwarz oder dunkelgrau und die Flaschenschulter (der obere Teil) dunkelgrün (A), eine Kohlendioxidflasche besitzt einen schwarzen oder dunkelgrauen Körper und eine graue Schulter (B) und der Körper einer Heliumflasche ist schwarz oder dunkelgrau und ihre Schulter ist braun (C). Gasgemische erhalten eine Farbe, die über die Eigenschaften des Gemischs informiert. Bei inerten Gasen wie Argon oder Helium mit Kohlendioxid – die als Schutzgase verwendet werden – ist die Farbe leuchtend grün. Während der Umstellungsphase müssen die Flaschen mit der neuen Kennzeichnung, mit dem Großbuchstaben »N«, markiert sein.

Argon → Schulter dunkelgrün, Körper grau
Kohlendioxid → Schulter grau, Körper grau
Helium → Schulter braun, Körper grau
Argon/Kohlendioxid → Schulter leuchtend grün, Körper grau
Argon/Helium → Schulter leuchtend grün, Körper grau
ebenfalls neu:
Sauerstoff → Schulter weiß, Körper grau
Acetylen → Schulter bordeauxrot, Körper grau

▼ Funktionsschema der MIG- und MAG-Verfahren.

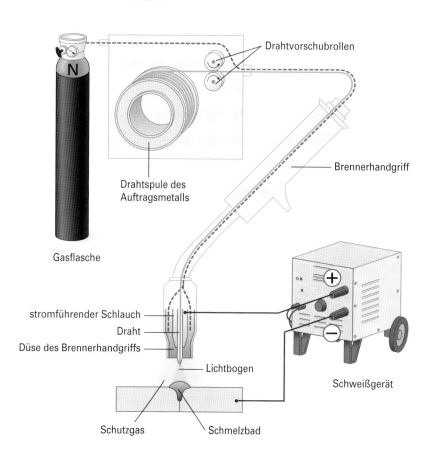

Drahtvorschubrollen
Brennerhandgriff
Drahtspule des Auftragsmetalls
Gasflasche
stromführender Schlauch
Draht
Düse des Brennerhandgriffs
Lichtbogen
Schweißgerät
Schutzgas
Schmelzbad

Besonderheiten

Das Schweißen mit kontinuierlich nachgeführtem Draht verläuft ohne Unterbrechungen, da die Elektrode nicht ständig ausgetauscht werden muss. Daraus ergeben sich weniger Fehlerquellen beim Verbinden der Schweißraupen. Es entsteht auch keine Schlacke, sodass das Schmelzbad gut zu beobachten und zu kontrollieren ist.

Ein weiterer Vorteil ist, dass sich die Werkstücke weniger stark erwärmen, denn der betroffene Bereich der Werkstücke ist kleiner. Somit entstehen weniger dehnungsbedingte Spannungen und Verformungen an den Werkstücken. Die Schutzgashülle schränkt jedoch den Arbeitsbereich auf Orte ohne stärkeren Luftzug ein, da sonst die Gashülle verdrängt werden könnte. Die Folgen wären ein Kontakt des Schmelzbads mit der Atmosphäre und die damit verbundenen Mängel am Werkstück.

▲ Schweißnaht ohne Schlacke, wie sie beim halbautomatischen Schweißen üblich ist.

▼ Übergang des geschmolzenen Auftragsmetalls ins Schmelzbad: im Kurzschluss (A) und tropfenweise (B).

Automatische Regulierung

Bei diesen Schweißverfahren wird das Auftragsmetall automatisch mit angemessenem Tempo nachgeführt. Für einen stabilen Lichtbogen muss der Auftragsmetalldraht mit der gleichen Geschwindigkeit schmelzen, mit der er zugeführt wird. Hierfür sind vor dem Schweißen die Zufuhrgeschwindigkeit des Drahtes und die Stromstärke einzustellen. Bei den MIG- und MAG-Schweißgeräten verändert sich die Stromstärke automatisch, bis eine Schmelzgeschwindigkeit erreicht ist, die der Zufuhrgeschwindigkeit des Drahtes entspricht, ohne zu Veränderungen der Lichtbogenlänge zu führen. Diese Länge kann durch Verringerung oder Erhöhung der Spannung variiert werden.

Die Zufuhrgeschwindigkeit des Drahtes wird eingestellt und während des Schweißens hält man den Brennerhandgriff in einem bestimmten Abstand zum Werkstück. Das Schweißgerät reguliert automatisch die erforderliche Stromstärke, um den Draht zu schmelzen, egal, ob der Abstand zum Werkstück kleiner oder größer gewählt wird – es würde dann ein längeres Stück Draht austreten.

Übergang des Auftragsmetalls

Der Lichtbogen erwärmt ein Ende des Auftragsmetalldrahts, bis er geschmolzen ist. In diesem Augenblick geht ein Metalltropfen in das Schmelzbad über. Die Art, wie dieser Tropfen sich vom Draht löst, seine Größe und der Übergang ins Schmelzbad beeinflussen die Entwicklung sowie das Ergebnis der Schweißung. Es gibt verschiedene Übergangsmöglichkeiten des geschmolzenen Metalls ins Schmelzbad: **Übergang im Kurzschluss, tropfenförmiger Übergang** sowie **sprühregenartiger Übergang.**

Beim Übergang mit Kurzschluss tritt der Tropfen am Drahtende erst in das Schmelzbad ein, wenn es mit ihm in Kontakt gerät, wobei ein Kurzschluss zwischen Draht und Schmelzbad entsteht. Das mit konstanter Geschwindigkeit austretende Drahtende nähert

sich dem Schmelzbad; gleichzeitig verkürzt sich der Lichtbogen kontinuierlich, bis er im Moment des Kontaktes zwischen Tropfen und Schmelzbad völlig verschwindet. Löst sich der Tropfen, entsteht erneut der Lichtbogen.

Der Lichtbogen erlischt und entzündet sich also fortlaufend und verringert so die Wärmezufuhr auf das Werkstück. Dieser Übergang im Kurzlichtbogen eignet sich für Dünnbleche und schwierige Schweißpositionen.

Beim tropfenförmigen Übergang nimmt die Energiezufuhr beim Lichtbogen zu, damit die Tropfen des geschmolzenen Metalls sich lösen können, bevor sie mit dem Schmelzbad in Kontakt kommen; allerdings bilden sich große Tropfen, die nicht immer in den Lichtbogen ragen, wodurch der Vorgang schwieriger zu steuern ist (Langlichtbogen).

Beim sprühregenartigen Übergang werden unzählige feine Metalltropfen gebildet, die den Lichtbogen durchqueren und sich im Schmelzbad ablagern. Dieser Sprüh-Lichtbogen ist sehr stabil, aber das Schmelzbad ist meist sehr heiß und erschwert das Schweißen in Überkopf- und Querposition. Dieser Übergang ist geeignet für die horizontale Schweißposition und bei Werkstücken von großer Stärke.

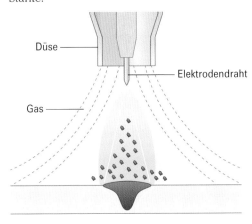

▲ Das geschmolzene Auftragsmetall wird in das Schmelzbad gesprüht.

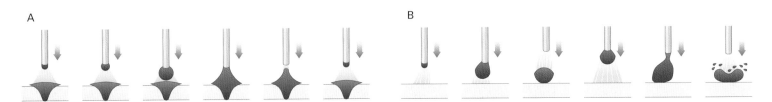

Schweißparameter

Beim halbautomatischen Schweißverfahren sind vier Größen zu beachten, die das Schweißen beeinflussen: die Lichtbogenspannung, die Stromstärke, die Länge des Drahtendes und die Schweißgeschwindigkeit.

Die **Lichtbogenspannung** beeinflusst die Länge des Lichtbogens: je höher die Spannung, desto länger der Bogen. Auch Einbrand und Form der Schweißraupe werden so beeinflusst. Ein kurzer Lichtbogen bewirkt schmale Schweißraupen und eine gute Einbrandtiefe der Schweißung. Durch Kurzschluss in Verbindung mit Kohlendioxid als Schutzgas führt er auch zu einem Materialübertrag.

Die **Stromstärke** wird gleichzeitig mit der Austrittsgeschwindigkeit des Auftragsmetalldrahtes erhöht oder gesenkt. Das Schweißgerät stellt automatisch die für das Schmelzen des Drahtes erforderliche Stromstärke zur Verfügung. Wird die Austrittgeschwindigkeit des Drahtes erhöht, so wird der Schweißung mehr Wärme zugeführt, sodass Verformungen auftreten können.

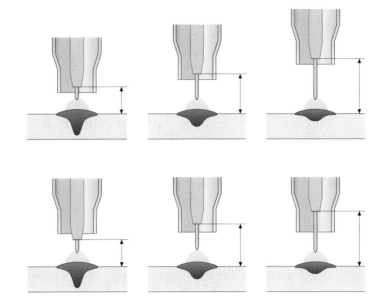

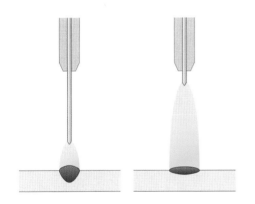

▲ Der Einfluss der Lichtbogenlänge auf die Form und den Einbrand der Schweißnaht ist von der Spannung abhängig.

Die **Länge des Drahtendes** bezieht sich auf das Ende des Drahtes, das sich zwischen Kontaktdüse und Werkstück befindet. Ist das Drahtende zu lang, nimmt die Zahl der Metallspritzer zu und die Einbrandtiefe der Schweißnaht ab. Darüber hinaus ist die Schutzgashülle nicht mehr ausreichend. Ist das Drahtende zu kurz, läuft man Gefahr, dass ein Metalltropfen am Kontaktrohr hängen bleibt und den Drahtaustritt behindert.

Die **Schweißgeschwindigkeit** entlang der Verbindungsstelle beeinflusst Form und Abmessungen der Schweißraupe, das Volumen des Schmelzbades und auch die Wärme, die den zu verschweißenden Werkstücken zugeführt wird. Je langsamer die Geschwindigkeit ist, desto tiefer ist der erzeugte Einbrand.

◀ Auswirkung verschiedener Längen des Drahtendes auf die Schweißung, bei einer gleich bleibenden Spannung und Austrittgeschwindigkeit des Auftragsmetalldrahtes.

Das WIG-Schweißverfahren

Das unter dem Oberbegriff »WIG-Schweißen« (**W**olfram-**I**nert-**G**as) bekannte Verfahren basiert auf einem Lichtbogen, der die Wärmequelle zwischen dem Grundmetall und einer nicht abschmelzenden Elektrode bildet und in einer Schutzhülle aus Inertgas erzeugt wird.

Bei diesem Schweißprozess wird das Auftragsmetall in Form eines Stabes von Hand zugeführt. Gelegentlich, wenn die Werkstückkanten sich berühren, kann eine Schweißung ohne Auftragsmetall durchgeführt werden, da dieses von den zu verschweißenden Werkstücken eingebracht wird.

Das WIG-Schweißen empfiehlt sich für die Verbindung vieler verschiedener Metalle. Es hinterlässt einheitliche Schweißnähte ohne Schlacke und es kommt dabei zu keinen glühenden Metallspritzern. Es ist angebracht beim Schweißen von Werkstücken geringer Stärke, nicht jedoch für die Verbindung von Werkstücken mit einer Stärke von über 6 mm, da dies nicht wirtschaftlich wäre.

Im Allgemeinen führt dieses Schweißverfahren zu hohen Gütewerten der Schweißnaht, solange nicht an Orten mit starker Zugluft geschweißt wird; hierdurch könnte das Schutzgas verdrängt und der für die Schweißnaht erforderliche Schutz erschwert werden.

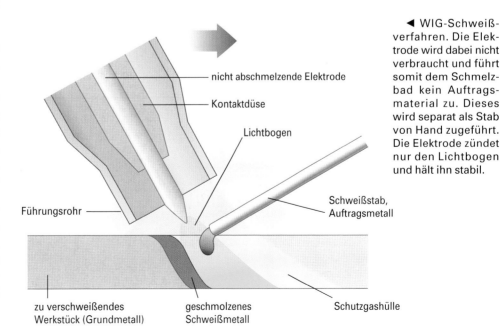

nicht abschmelzende Elektrode

Kontaktdüse

Lichtbogen

Führungsrohr

Schweißstab, Auftragsmetall

zu verschweißendes Werkstück (Grundmetall)

geschmolzenes Schweißmetall

Schutzgashülle

◀ WIG-Schweißverfahren. Die Elektrode wird dabei nicht verbraucht und führt somit dem Schmelzbad kein Auftragsmaterial zu. Dieses wird separat als Stab von Hand zugeführt. Die Elektrode zündet nur den Lichtbogen und hält ihn stabil.

Strom

Für das WIG-Schweißen werden sowohl Gleichstrom als auch Wechselstrom verwendet. Bei Verwendung von Gleichstrom empfiehlt es sich, mit direkter Polarität zu schweißen, das heißt mit der Elektrode am Minuspol und der Masse am Pluspol. So wird die Elektrode nicht überhitzt. Bei Wechselstrom kommt zu dem Schweißgerät ein Hochfrequenzgenerator hinzu, der das Zünden des Lichtbogens und seine Stabilität unterstützt. Die Hochfrequenzstromquelle führt die erforderliche Spannung in dem Augenblick zu, in dem der Lichtbogen »erlischt«, nämlich zwei Mal pro Zyklus, in dem Augenblick, wenn die Spannung Null beträgt.

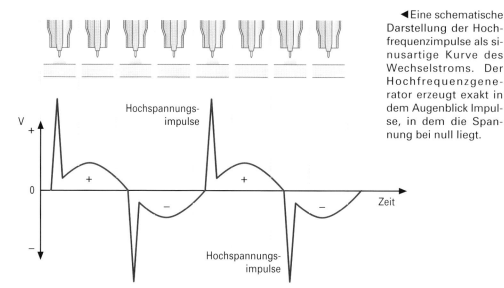

◄ Eine schematische Darstellung der Hochfrequenzimpulse als sinusartige Kurve des Wechselstroms. Der Hochfrequenzgenerator erzeugt exakt in dem Augenblick Impulse, in dem die Spannung bei null liegt.

▼ Schweißstäbe zum Schweißen unlegierter Stähle; man führt sie von Hand zu, indem das Stabende an das Schmelzbad innerhalb der Schutzhülle aus Inertgas angenähert wird.

Nicht abschmelzende Elektroden

Die nicht abschmelzenden Elektroden des WIG-Schweißens bestehen aus einem Metall mit sehr hoher Schmelztemperatur, um ein Abnutzen der Elektrode zu vermeiden. Das für diese Elektroden verwendete Material ist **Wolfram**, für das im Periodensystem der Elemente das chemische Zeichen **W** steht.

Dem Wolfram werden Thorium- oder Zirkoniumoxide zugefügt, um das Zünden des Lichtbogens und die Stabilität zu begünstigen und die Elektrode widerstandsfähiger gegen hohe Stromstärken zu machen. So haben mit Thoriumoxid legierte Wolframelektroden einen Schmelzpunkt von ca. 4000 °C. Sie werden oft bei der Verbindung von Kohlenstoffstählen, rostfreien Stählen und Kupfer eingesetzt.

Thorium ist radioaktiv, es gibt jedoch auch Wolframlegierungen mit Cerium oder Lanthan, die nicht radioaktiv sind und die gleichen Eigenschaften bezüglich der Zündung des Lichtbogens und seiner Stabilität aufweisen wie die Legierungen mit Thorium.

Zuschliff des Elektrodenendes

Die Elektroden für das WIG-Schweißen müssen mit besonderer Sorgfalt für jede Stromart zugeschliffen sein, um einen instabilen Lichtbogen zu vermeiden. Im Allgemeinen sind im Verhältnis zur Stärke des zu verschweißenden Materials möglichst feine Elektroden zu verwenden. Der Lichtbogen ist so auszurichten, dass ein lokal abgegrenztes Schmelzbad erzielt wird, das nur geringfügige Materialdehnungen verursacht und eine gute Einbrandtiefe der Schweißnaht gewährleistet. So erzeugt eine korrekt zugeschliffene Elektrode mit einer Spitze, die doppelt so lang ist wie ihr Durchmesser, einen sehr stabilen Lichtbogen, der die Wärme auf einen Punkt konzentriert und die Schweißnaht gut einbrennt. Eine schlecht zugeschliffene Elektrode liefert einen unruhigen Lichtbogen, der schwer zu kontrollieren ist und einen breiten und flachen Einbrand hinterlässt. Außerdem ist die Elektrode in Faserrichtung zu schleifen, damit sie einen stabilen Lichtbogen erzeugen und die Wärme auf einen Punkt konzentrieren kann.

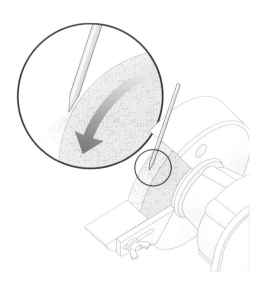

▲ Um die Elektrode abzuschleifen, hält man sie im dargestellten Winkel an die Schleifscheibe.

► Einfluss des Zuschliffs der Wolframelektrodenspitze auf den Lichtbogen: Die korrekte Spitzenlänge erzeugt einen stabilen Lichtbogen, der die Wärme konzentriert und einen guten Einbrand der Schweißraupe hinterlässt (A); eine schlecht zugeschliffene Spitze erzeugt einen unruhigen Lichtbogen, der zu einem flachen und breiten Einbrand führt (B).

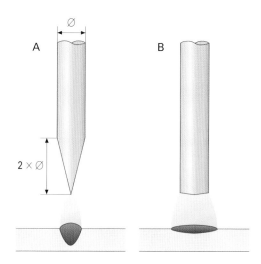

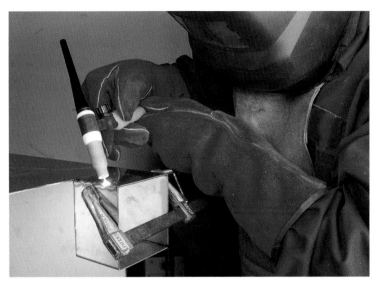

◀ Bei Schweißtä-
tigkeiten ist stets der
erforderliche Schutz
durch Lederhand-
schuhe und Schutz-
schild für das Gesicht
zu tragen.

▶ Nicht abschmel-
zende Elektrode, wie
sie typisch für das
WIG-Schweißen ist.

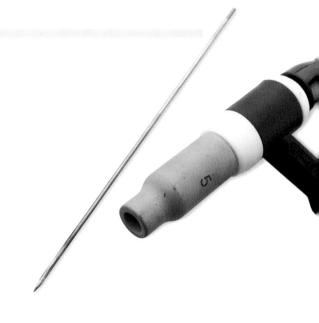

Arbeitstechnik

Zur Herstellung guter Schweißraupen mithilfe
des WIG-Schweißens sind die Verbindungsstellen entsprechend vorzubereiten. Werden
die Schweißverbindungen ohne Auftragsmaterial ausgeführt, was nur bei Blechstärken
unter 3 mm möglich ist, empfiehlt sich ein
Hochbiegen der Kanten als Vorbereitung.
Auf jeden Fall müssen sowohl das Grundmetall als auch das Auftragsmetall frei von Farbresten, Fett oder anderem Schmutz sein, damit
es nicht zu fehlerhaften Schweißraupen und
schlechten Schweißergebnissen kommt.

▶ Zündung des
Lichtbogens durch
Streichen.

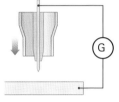
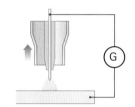

▶ Zündung des
Lichtbogens durch
Einsatz von Hoch-
frequenzimpulsen.

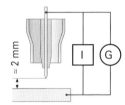
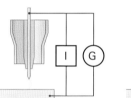
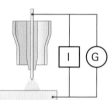

Zünden des Lichtbogens

Für das Zünden des Lichtbogens beim WIG-
Schweißen gibt es zwei Methoden. Zum einen
wird nur mit der Elektrode leicht über das
Grundmetall gestrichen, an dem die Masseklemme befestigt ist. Der Nachteil besteht darin, dass die Elektrodenspitze dabei häufig
beschädigt wird und der Lichtbogen somit
schwerer zu kontrollieren ist. Die Elektrode
ist nach der Zündung sofort auf einen Abstand von 3 mm zum Grundmetall abzuheben.

Bei der anderen Methode wird Hochfrequenzstrom verwendet, um den Lichtbogen
zu erzeugen. In diesem Fall ist ein Kontakt
zwischen Elektrode und Grundmetall nicht
erforderlich, da schon bei einer Annäherung
der Elektrode auf 2 bis 3 mm an das Grundmetall der Hochfrequenzstrom den elektrischen Widerstand der Luft überwindet und
den Lichtbogen erzeugt. Um die Schweißraupe herzustellen, ist dieser Abstand von 2 bis
3 mm vom Grundmetall beizubehalten, während der Schweißbrenner entlang der Naht-
fuge geführt wird.

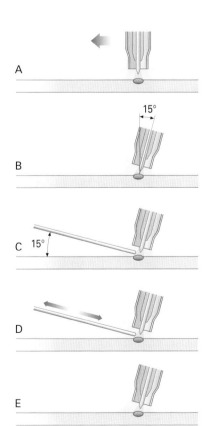

◀ Bildung einer Schweißraupe mit Auftragsmetall. Nachdem der Lichtbogen gezündet ist,
wird das Schmelzbad durch eine leichte kreisförmige Bewegung der Elektrodenspitze auf
dem Grundmetall erzeugt (A). Dann gleitet die
Elektrodenspitze zu einer Seite des Schmelzbades und wird um etwa 15° geneigt (B). Nun
führt man den Stab des Auftragsmetalls in die
Schutzgashülle und in die Nähe des Schmelzbades; der Stab hat dabei eine Neigung in
Schweißrichtung von etwa 15° zur Horizontalen (C). Man bewegt den Schweißstab vor und
zurück, ohne dass er die Schutzgashülle ver-
lässt; so wird das geschmolzene Material im
Schmelzbad abgelagert und die Schweißraupe gebildet (D). Am Ende der Schweißnaht
ist es ratsam, die Brennerdüse so lange über
die Schweißstelle zu halten, bis das Schmelzbad sich unter dem nachströmenden Schutzgas völlig verfestigt hat (E).

Gasschmelzschweißen

Bei diesem Verfahren verwendet man für das Schmelzen des Metalls eine Brenngas-Sauerstoffflamme als Wärmequelle. Die Anlage besteht aus einem verbrennungsfördernden Gas (Sauerstoff), das, wie der Name schon sagt, die Verbrennung des Brenngases (Acetylen oder Propan) erleichtert. Besteht das verwendete Brenngas aus Acetylen, bezeichnet man den Schweißvorgang als »Sauerstoff-Acetylen-Schweißen«; wird Propan verwendet, spricht man von »Sauerstoff-Propan-Schweißen«. Bei dieser Schweißung erwärmt man die Werkstücke, bis die Kontaktflächen schmelzen und sich die Schweißnaht bildet.

Es kann mit und ohne Auftragsmetall gearbeitet werden. Setzt man Auftragsmetall ein, so wird es in Form von Metallstäben hinzugefügt, die zumeist aus dem gleichen Material wie das Grundmetall bestehen.

Beim Gasschmelzschweißen werden die Werkstücke stark erhitzt, was Verformungen und innere Spannungen des Metalls verursacht. Darüber hinaus führt der verwendete Sauerstoff zur Oxidation des Metalls, sodass beim Schweißen einiger Metalle und Legierungen wie Aluminium oder Messing Flussmittel eingesetzt werden müssen.

Das Gasschmelzschweißen empfiehlt sich für die Verbindung von Werkstücken geringer Stärke und für die Techniken des Hartlötens von Kupfer oder Messing.

Gase

Die am häufigsten eingesetzten Gase sind Sauerstoff und Acetylen. In Kombination erzeugen sie Temperaturen von bis zu 3200 °C, während Sauerstoff mit Propan niedrigere Temperaturen von bis zu 2850 °C erreicht. Gelegentlich lässt sich Erdgas in einer Mischung mit Sauerstoff verwenden, die Brennleistung ist dann jedoch geringer.

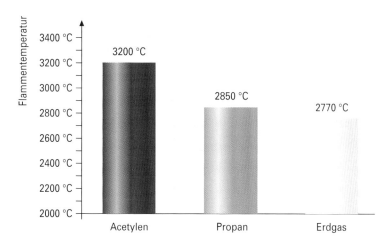

▲ Vergleich der Temperaturen, die der Sauerstoff in Mischung mit unterschiedlichen Brenngasen erreicht.

Sicherheitshinweise

Gasflaschen sind stets senkrecht zu lagern und an einer Wand oder gegebenenfalls auf dem Transportwagen zu befestigen. Keiner der Bestandteile der Anlage darf mit Öl in Berührung kommen oder eingefettet werden. Bei der Handhabung der Geräte muss man auch darauf achten, dass die Hände stets fettfrei sind. Die Gasflaschen sind vor Schlägen zu schützen und nicht der Hitze auszusetzen. Sind sie defekt, so ist der Lieferant der Ansprechpartner; eigene Reparaturversuche sind unbedingt zu unterlassen!

◀ Acetylen verbrennt mit dichtem und charakteristisch schwarzem Rauch, der in der Luft zahllose Rußpartikel hinterlässt.

Die Flamme

In der Acetylen-Sauerstoffflamme sind zwei gut zu unterscheidende Bereiche zu erkennen: der intensiv weiß leuchtende Flammenkegel – hier findet die Verbrennung des Acetylens mit Sauerstoff statt – sowie der Flammenmantel, der den Kegel umgibt und das Schmelzbad schützt. Es gibt einen dritten Bereich, die Schweißzone, die auf den ersten Blick nicht zu sehen ist. Sie schließt sich sofort an den Kegel an und hat die höchste Temperatur. Zwischen dem Kegel und dem Schmelzbad ist je nach Flammengröße ein Abstand von 2 bis 5 mm zu wahren.

Flammenarten

Bei Sauerstoff und Acetylen lassen sich drei Flammen unterscheiden. Man erhält eine neutrale Flamme von ca. 3200 °C bei einem Verhältnis beider Gase von 1:1. Dieser Flammentyp wird beim Gasschmelzschweißen von fast allen Metallen am häufigsten eingesetzt, da hier die Eigenschaften der Metalle nicht verändert werden. Bei einem höheren Anteil Sauerstoff gegenüber Acetylen wird eine Flamme mit Sauerstoffüberschuss bzw. eine oxidierende Flamme erzeugt, die oft beim Schweißen von Messing verwendet wird, um ein Verflüchtigen des Zinks in der Legierung zu vermeiden. Eine Flamme mit Gasüberschuss bzw. eine reduzierende Flamme entsteht, wenn der Acetylenanteil höher ist als der Sauerstoffanteil. Sie wird nur für das Schweißen von Aluminium eingesetzt, da sie weniger Wärme erzeugt als die anderen Flammenarten.

Inbetriebnahme der Autogenanlage

Bevor man die Druckminderer an die Gasflaschen anschließt, wird das Flaschenventil leicht geöffnet und wieder geschlossen. So entfernt man mögliche Verunreinigungen an der Flaschenöffnung. Die Druckminderer dürfen nicht zwischen Flaschen mit verschiedenen Gasen ausgetauscht werden.

Man stellt sie je nach Durchmesser der Düse ein. Je nach Bauart des Schweißbrenners strömt der Sauerstoff bei einem Arbeitsdruck zwischen 1,9 und 2,9 bar aus, bei Acetylen beträgt der Arbeitsdruck 0,5 bar (etwa $1/5$ des Sauerstoffdrucks). Das Acetylen darf keinesfalls einen Druck von 0,9 bar übersteigen.

Nach Öffnung der Durchgangsventile an den Flaschen öffnet man beim Zünden des Brenners zuerst das Sauerstoff-, dann das Acetylenventil. Man zündet das Gas mit einem Gasanzünder. Dann wird langsam das Sauerstoffventil geöffnet, bis eine neutrale Flamme entsteht. Immer eine Schutzbrille tragen! Zum Löschen der Flamme wird zunächst das Ventil des Acetylens geschlossen, dann das des Sauerstoffs.

Arbeitstechnik

Um die zu verschweißenden Kanten aufzuschmelzen, muss der Flammenkegel bis auf 2 oder 3 mm an das Grundmetall angenähert werden. Beginnen die Kanten zu fließen, wird der Kegel zum Verschweißen leicht gedreht. Um eine Schweißung ohne Auftragsmetall durchzuführen, wird das entstehende Schmelzbad durch den Druck des Flammenkegels und bei einer Neigung von 45° zur Schweißnaht vorwärts geschoben. Beim Schweißen mit Auftragsmetall geht man vor wie oben beschrieben, nur dass der Durchführungswinkel minimal verschieden ist. Man hält bezogen auf die Schweißnaht den Flammenkegel in einem Neigungswinkel zwischen 20 und 40° und den Stab mit dem Auftragsmetall in einem Winkel von 45°.

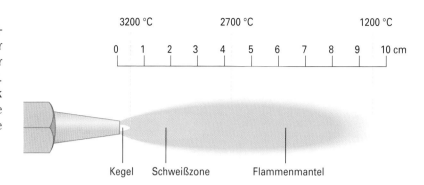

▲ Die Bereiche der Acetylen-Sauerstoffflamme und das Verhältnis zwischen der Flammentemperatur und ihrer Entfernung vom Flammenkegel.

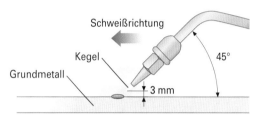

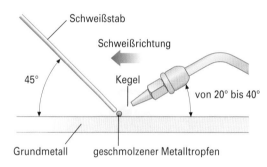

◄ Neigungsverhältnis zwischen dem Grundmetall und dem Flammenkegel beim Gasschweißen: ohne Auftragsmetall (oben) und mit Auftragsmetall (unten).

▼ Typische Schweißnaht beim Gasschweißen.

Weichlöten und Hartlöten

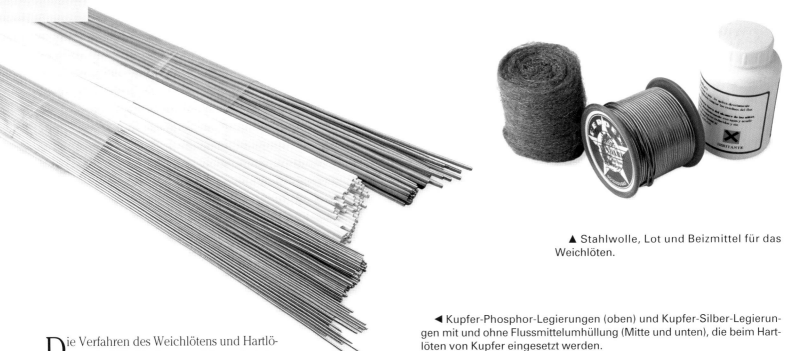

▲ Stahlwolle, Lot und Beizmittel für das Weichlöten.

◄ Kupfer-Phosphor-Legierungen (oben) und Kupfer-Silber-Legierungen mit und ohne Flussmittelumhüllung (Mitte und unten), die beim Hartlöten von Kupfer eingesetzt werden.

Die Verfahren des Weichlötens und Hartlötens sind Verbindungsverfahren, bei denen das Grundmetall und das Auftragsmetall, das Lot, verschiedene Schmelzpunkte haben. Im Allgemeinen verwendet man beim Weichlöten Lote, deren Schmelztemperatur unter 425 °C liegt. Beim Hartlöten schmelzen die Zusatzwerkstoffe bei Temperaturen über 425 °C.

Bei diesen Verbindungen wird bei Erwärmung nur das Lot aufgeschmolzen, das sich durch den Kapillareffekt in der Fuge zwischen den zu verbindenden Kanten verteilt. Damit diese Kapillarwirkung auftritt, müssen die Werkstückkanten dicht beieinander liegen.

▼ Die Benetzung beruht auf der Ausdehnungsweise des Lotes in Abhängigkeit von der Temperatur des Grundmetalls: Ist das Grundmetall zu kalt, kann der Lottropfen nicht gut fließen und verursacht eine mangelhafte Verbindung (A). Ein zu warmes Grundmetall führt dazu, dass das Lot zu stark fließt und eine mangelhafte Verbindung verursacht (B). Bei der richtigen Temperatur des Grundmetalls fließt das Lot wie gewünscht und benetzt das Metall einwandfrei, sodass eine gute Verbindung der Werkstücke entsteht (C).

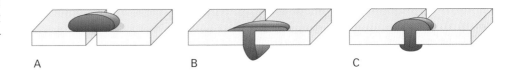

A   B   C

Lote

Die beim Weich- und Hartlöten verwendeten Lote müssen bei einer Temperatur schmelzen, die unter dem Schmelzpunkt des Grundmetalls liegt, und sie sollten im flüssigen Zustand sehr fließfähig sein, um sich aufgrund der Kapillarwirkung gut in der Fuge zu verteilen. Darüber hinaus müssen sie die Grundmetalle gut benetzen können.

Die am meisten für das Weichlöten verwendeten Lote sind Legierungen, deren häufiger Bestandteil Zinn mit einer Schmelztemperatur von 231°C ist. Das gängigste Lot ist eine Legierung aus 50 % Zinn und 50 % Blei, es werden jedoch auch Legierungen aus Zinn und Silber oder Zinn und Zink eingesetzt.

Beim Hartlöten verwendet man oft Messing als Lot, obwohl auch Legierungen aus Kupfer und Phosphor oder Kupfer und Silber verwendet werden. Sie alle sind geeignet für die Verbindung von eisenhaltigen und nichteisenhaltigen Metallen und Legierungen, außer Aluminiumlegierungen, für die man Lote aus Aluminium- und Siliziumlegierungen wählt.

▼ Messing ist die am häufigsten verwendete Legierung für das Hartlöten. Setzt man es ein, ist stets auch ein Flussmittel erforderlich, sei es in Form der Stabumhüllung oder separat davon.

Flussmittel

Beim Weich- und Hartlöten sind Desoxidationsmittel und Flussmittel unerlässlich. Ihre Hauptaufgabe besteht darin, während des Lötens eine Oxidbildung an den Metallen zu verhindern. Sie verbessern auch die Fließfähigkeit des Lotes auf den Oberflächen des Grundmetalls und ermöglichen die Kontrolle der Arbeitstemperatur. Das Lot trägt man dann auf, wenn sie schmelzen.

Zu den wichtigsten Flussmitteln gehört Borax, da es beim Hartlöten allgemein einsetzbar ist, nur nicht bei Aluminium und seinen Legierungen. Es handelt sich bei Borax um eine Zusammensetzung mit der chemischen Bezeichnung »hydratisiertes Natriumtetraborat«, die bei 760 °C schmilzt.

Löttechnik

Beim Weich- und Hartlöten werden die zu verbindenden Werkstücke mit einer Brennerflamme erwärmt. Für das Hartlöten wird die neutrale Flamme des Acetylen-Sauerstoff-Schweißens eingesetzt. Die Technik kann auf der Kapillarwirkung beruhen oder die bei anderen Verfahren übliche konventionelle Methode sein. Arbeitet man mit Kapillarwirkung, müssen sich die Werkstückkanten überlappen.

Grundsätzlich müssen die Metallwerkstücke angewärmt werden, ohne den Flammenkegel zu sehr anzunähern; stattdessen arbeitet man mit dem Flammenmantel. Ist das Flussmittel geschmolzen, kann das Lot aufgetragen werden. Wenn man aber sieht, dass es tropfenförmig von der Oberfläche des Grundmetalls abperlt, ist das Werkstück noch nicht genug erwärmt, ist das Flussmittel bereits verbrannt oder wurde das Werkstück nicht ausreichend gereinigt. Nach dem korrekten Auftragen des Lotes richtet man den Flammenkegel auf das aufgetragene Lot, nicht aber auf die Kanten.

Beim Weichlöten arbeitet man meist mit der Kapillarwirkung. Die Kanten sind auf Überlappstoß auszurichten, um eine feste Verbindung sicherzustellen. Man erwärmt dann die sauberen und mit entsprechendem Flussmittel behandelten Werkstücke mit der Flamme eines Gasbrenners, bis das Flussmittel die richtige Temperatur anzeigt und das Lot aufgetragen werden kann. Es schmilzt, sobald es mit den erwärmten Kanten in Kontakt kommt, füllt die Zwischenräume und führt so zu einer Verbindung. Die Wärme kann auch mit einem elektrischen Lötgerät erzeugt werden, was für großflächige Werkstücke oder Metalle mit starkem Wärmeverlust aber ungeeignet ist.

◄ 1. Reinigen Sie die Werkstücke, die die Verbindungsfuge bilden, mit Stahlwolle, bevor das Flussmittel aufgetragen wird.

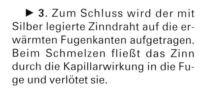

◄ 2. Erwärmen Sie anschließend die Fugenränder mit der Flamme eines Gasbrenners. Das Flussmittel zeigt durch Farbänderung die angemessene Temperatur zum Löten an.

► 3. Zum Schluss wird der mit Silber legierte Zinndraht auf die erwärmten Fugenkanten aufgetragen. Beim Schmelzen fließt das Zinn durch die Kapillarwirkung in die Fuge und verlötet sie.

► Ares, *Schnecke und Mutter*, 1997. Eine durch Hartlöten von Kupfer mit Stahl entstandene Arbeit; als Lot diente ein Messingstab.

▲ Antoni Gaudí, *Geflügelter Drache*, 1885. Detail einer schmiedeeisernen Tür (500 × 350 × 30 cm), die in der Werkstatt von Vallet i Piquer hergestellt und von dem genialen Architekten für die Stallungen der Finca Güell im Stadtteil Pedralbes von Barcelona geplant wurde.

◄ Pablo Gargallo, *Wetterfahne*, 1930 (70 × 42 cm). Gehämmertes Kupferblech, Museu Cau Ferrat (Sitges, Spanien). Foto: Rocco Ricci.

► Julio González, *Madame Cactus (Homme cactus II)*, 1939 (65,5 × 27,5 × 15,5 cm). Geschmiedetes und geschweißtes Eisen.

▼ Ares, *Aufbrechen der Stille im unerwarteten Schein des Mondlichts*, 2003 (220 × 25 × 25 cm). Eisenblech, Plasmaschmelzschneiden.

◄ Volkskunst, *Wärmepfanne*, 1890 (110 × 30 × 20 cm). Schmiedeeisen und Kupfer, getrieben.

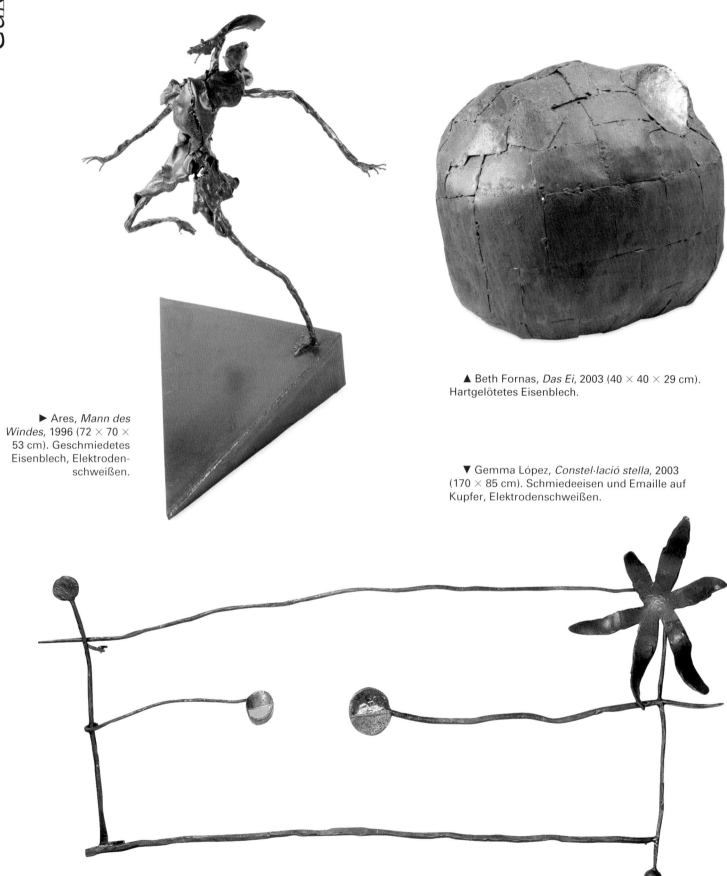

▲ Beth Fornas, *Das Ei*, 2003 (40 × 40 × 29 cm).
Hartgelötetes Eisenblech.

▶ Ares, *Mann des Windes*, 1996 (72 × 70 × 53 cm). Geschmiedetes Eisenblech, Elektrodenschweißen.

▼ Gemma López, *Constel·lació stella*, 2003 (170 × 85 cm). Schmiedeeisen und Emaille auf Kupfer, Elektrodenschweißen.

▶ Ares, *Der Sprung des Engels*, 1997
(350 × 110 × 150 cm). Hartgelötetes Eisenblech.

▲ Matilde Grau, *Gewebte Landschaft*, 2000 (50 × 150 × 50 cm).
Eisen.

▶ Marta Martínez, *Schritt*, 2003
(81 × 37 × 10 cm). Hartgelötetes
Eisenblech, durchbrochen.

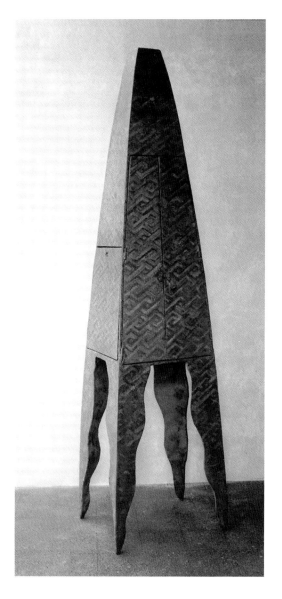

▶ Josep Cerdà,
Salammbo, 1993
(220 × 60 × 45 cm).
Patiniertes Eisen.

▶▶ Eine weitere
Ansicht der Skulptur
von Josep Cerdà mit
geöffneten Türen.

▲ Ares, *Beim Freiheitsruf des Windes*, 2000
(110 × 30 × 15 cm). Schmiedeeisen und Holz.

▲ Matilde Grau, *Gewebte Zweige I*, 2003. Messingtextur (beweglich).

▶ Ares, *Noli me tangere*, 1996 (90 × 30 × 50 cm).
Eisenblech und Hartlöten.

▶ Eduardo Chillida,
*Ikaraundi (Raues
Lied)*, 1957 (32 × 68 ×
150 cm), Chillida-Leku,
(Hernani, Spanien).
Schmiedeeisen.

Nachdem Maschinen und Werkzeuge, ihre Anwendung und die verschiedenen Metallarbeitstechniken ausführlich dargelegt worden sind, folgt nun eine illustrierte Beschreibung der Herstellung mehrerer Objekte, die vom funktionalen Gegenstand bis zur individuell gestalteten Skulptur reichen. In den aufeinander aufbauenden Arbeitsschritten kommen die unterschiedlichen Arbeitstechniken aus den vorangegangenen Kapiteln zum Einsatz. Ziel dieses Kapitels ist es, klar und verständlich zu zeigen, wie man durch Kombination verschiedener Techniken und Metalle Objekte herstellen kann. Es gibt derart viele Möglichkeiten, ein Projekt anzugehen, dass hier natürlich nur ein kleiner Ausschnitt daraus vorgestellt werden kann. Die Vorschläge beschreiben exemplarisch die vielfältigen Möglichkeiten, die man mit einigen Grundtechniken hat, um Kreatives und Nützliches aus Metall zu schaffen. Sie sind nicht als fertige Objekte gedacht, die exakt nachgearbeitet werden müssen, sondern als Anregung für eigene Kreativität und Schaffensfreude.

Schritt für *Schritt*

Bau einer Truhe

*F*ür die dargestellte Truhe werden zwei Materialien kombiniert: Eisen und Aluminium. Ihre Formen werden mit dem Plasmaschneidbrenner aus dem Metall geschnitten und die einzelnen Elemente durch Nieten verbunden, sodass am Ende eine schöne und praktische Truhe entsteht.

Die Anfertigung der Truhe erfolgt in vier Schritten: Zunächst stellt man die Rahmenkonstruktion aus Winkeleisen her, im zweiten Schritt werden die Scharniere als Verbindung zum Deckel gefertigt. Danach arbeitet man die Schmuckplatten für die Seitenteile und den Deckel der Truhe. Schließlich werden die Bleche aus Eisen und Aluminium mit der Rahmenkonstruktion zur fertigen Truhe verbunden.

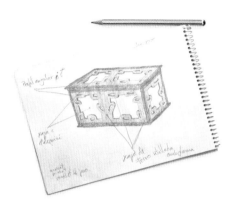

▲ **1.** Eine Zeichnung hilft bei der Entwicklung der Idee und bei der Berechnung des benötigten Materials.

Herstellung des Rahmens der Truhe

▲ **2.** Gemäß dem Entwurf werden mit der Metallkreissäge die Winkelprofile abgelängt und an den Enden im 45°-Winkel abgeschrägt.

▲ **3.** Bohren Sie mit der Säulenbohrmaschine Löcher in die Winkelprofile, nachdem Sie ihre Platzierung berechnet haben; die Abstände und die Größe der Löcher sollen bei allen Profilen gleich groß sein. In diese Löcher werden später die Nieten eingeführt. Die Bohrungen führt man vor dem Zusammensetzen der Rahmenkonstruktion durch, da die Bearbeitung einzelner Winkelprofile wesentlich einfacher ist als die des fertigen Aufbaus.

▼ **4.** Mit einer Schleifmaschine schrägen Sie die Kanten der Winkelprofile, die zusammengeschweißt werden sollen, ab. Dadurch entsteht Raum für die Schweißnaht und man stellt sicher, dass das Material über seine gesamte Länge verbunden wird. Heften Sie die beiden Profile zunächst, wobei sie in einen Winkelschraubstock eingespannt sein müssen, damit ein perfekter rechter Winkel entsteht.

▲ **5.** Nachdem alle Profile geheftet sind, schweißen Sie im MIG-Schweißverfahren (Metallschutzgasschweißen) alle Teile zusammen. Bei dieser Arbeit müssen alle notwendigen Schutzmaßnahmen streng eingehalten werden.

▲ **6.** Um die Rahmenkonstruktion fertig zu stellen, werden ihre Schweißnähte mit der Schleifmaschine entgratet und geschliffen, sodass die Profile eine glatte Oberfläche erhalten.

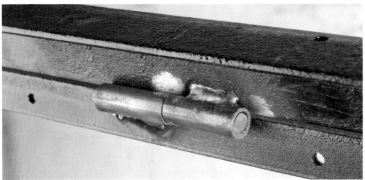

Herstellung und Einbau der Scharniere

◄ **7.** Für die Scharniere brauchen Sie ein rundes Hohlprofil (Durchmesser ca. 1 cm), in das ein gewindeloser Stift mit etwas kleinerem Durchmesser passt. Zerteilen Sie das Rohr mit einer Bandsäge in vier Teile von jeweils etwa 5 cm Länge; aus ihnen fertigen Sie die Scharnierhüllen. Damit alle Teilstücke gleich lang werden, verwenden Sie den Anschlag der Bandsäge. Auf die gleiche Weise schneiden Sie den Stift in zwei jeweils doppelt so lange Teile à 10 cm.

► **8.** Ein Scharnier besteht somit aus zwei Rohrstücken und einem Stift. In eines der beiden Rohrstücke bohrt man ein Loch. Stecken Sie nun den Stift vollständig in das gelochte Rohr ein und schweißen Sie Rohr und Stift zusammen. Die Schweißstelle wird mit der Schleifmaschine glatt geschliffen.

► **9.** Das verschweißte Teil aus Rohr und Stift schweißen Sie an die Rahmenkonstruktion der Truhe, das andere, freie Rohrstück passgenau an den Rahmen des Truhendeckels. Dabei müssen die Stifte in den zwei Scharnierteilen beide in die gleiche Richtung zeigen – für die Scharnierteile.

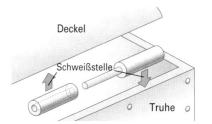

Deckel

Schweißstelle

Truhe

▲ **10.** Wenn man die Scharniere an beide Rahmenelemente schweißt, müssen Deckel- und Truhenrahmen verbunden und mit Schraubzwingen an der richtigen Stelle festgespannt sein. Man platziert die Scharniere auf der Linie zwischen Deckel und Truhe und schweißt das Scharnier an die Rahmenkonstruktion. Ist das erste Scharnier angeschweißt, arbeitet man im gleichen Abstand vom Truhenrand das zweite Scharnier.

► **11.** Streichen Sie nun die Rahmenkonstruktion der Truhe mit schwarzem Polyurethanlack ein, da Sie jetzt noch gut in den Innenraum der Truhe gelangen können. Da die Truhe nur im Innenbereich genutzt werden soll, braucht man vor dem Anstrich kein Rostschutzmittel aufzutragen.

Herstellung der gemusterten Einsätze

▼ **12.** Für die Einsätze der Seitenwände und des Truhendeckels überträgt man mit Bleistift die entsprechende Musterzeichnung von einer Papierschablone auf eine Spanplatte, die den Innenmaßen der Rahmenkonstruktion der Truhe entspricht.

◄ **13.** Nun wird das Muster aus der Holzschablone ausgesägt. Bohren Sie dafür zunächst ein Loch in jede Ecke der Zeichnung. In diese Löcher führen Sie das Sägeblatt der Elektrosäge ein, um das Muster bequem auszusägen.

◀ **14.** Arbeiten Sie nun die Kanten des ausgesägten Musters mit einer Holzfeile nach. Es ist wichtig, dass die Oberfläche, die mit dem Schweißbrenner des Plasmaschneidbrenners in Verbindung kommt, so glatt wie möglich ist.

▼ **15.** Legen Sie die Holzschablone auf ein Blech, auf dem Bild ist es ein kleines Seitenteil der Truhe, und fixieren Sie sie mit einer Gripzange. Fahren Sie nun mit einem Plasmaschneidbrenner den Kanten der Schablone nach und schneiden Sie das Muster sorgfältig aus. Es empfiehlt sich, bei dieser Arbeit Schutzbrille und Arbeitsschürze zu tragen.

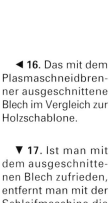

◀ **16.** Das mit dem Plasmaschneidbrenner ausgeschnittene Blech im Vergleich zur Holzschablone.

▼ **17.** Ist man mit dem ausgeschnittenen Blech zufrieden, entfernt man mit der Schleifmaschine die Grate an den Schnittkanten, die durch das Plasmaschmelzschneiden entstanden sind. Bei dieser Arbeit sollte man einen Gesichtsschutz mit einer transparenten Scheibe tragen.

▶ **18.** Schneiden Sie alle übrigen Seitenteile für die Truhe wie beschrieben zu: ein weiteres kleines Teil und drei Doppelelemente. Stellen Sie nun eine Salzwasserlösung her, für die Sie einen gut gehäuften Esslöffel Speisesalz in einem Glas Wasser auflösen. Mit dieser Lösung bestreichen Sie die Bleche, indem Sie sie mit einem groben Pinsel auftragen oder in einen Vernebler füllen und aufsprühen. Führt man diese Arbeit im Freien durch, wird die Oxidation noch beschleunigt.

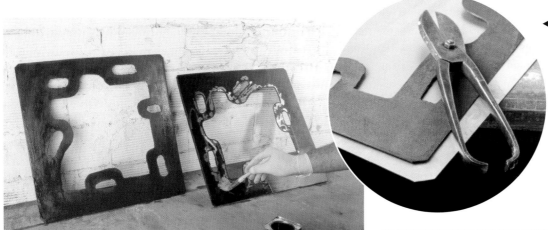

◄ **20.** Als Nächstes werden sechs Aluminiumplatten in der Größe der Seitenteile zugeschnitten. Mit einer
Blechschere schrägt man die Ecken
sowohl der Eisen- als auch der Aluminiumbleche ab. Auf diese Weise
verhindert man, dass schwer zu
entfernende Schweißreste in den
Ecken der Rahmenkonstruktion das
korrekte Einpassen der beiden Bleche in den Rahmen verhindern.

▲ **19.** Bevor Sie die ausgeschnittenen Eisenbleche auf die Rahmenkonstruktion nieten, bestreichen Sie sie mit einem Lack, um die gesamte
Oberfläche zu schützen.

▶ **21.** Um das Blech an der Rahmenkonstruktion befestigen zu können, fixiert man es mit Schraubzwingen und überträgt mit der Bohrmaschine die Löcher des Rahmens in das Blech; die Löcher des Blechs
müssen sich exakt über den Löchern in den Winkelprofilen befinden.
Dieser Arbeitsgang wird für die Aluminiumbleche wiederholt, wobei
dabei mit besonderer Vorsicht gearbeitet werden muss, da diese Bleche leicht verkratzen.

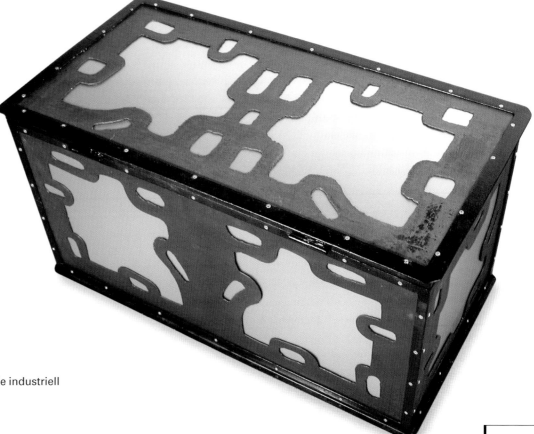

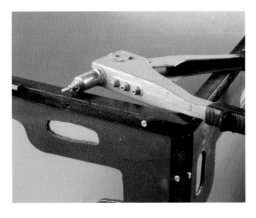

▲ **22.** Zusammen mit den Aluminiumplatten
nieten Sie nun die ausgeschnittenen Eisenbleche mit einer Nietenzange an die Rahmenkonstruktion der Truhe und des Deckels. Schließlich
setzen Sie den Deckel auf.

▶ **23.** Die fertige Truhe, die wegen der Nieten wie industriell
gefertigt wirkt.

Gartentor aus Eisen

*D*as Gartentor wird aus Eisenflachprofilen hergestellt. Diese Arbeit zeigt vor allem, wie man Metallprofile abkanten, biegen und formen kann, ohne sie zuvor zu erwärmen. Auch hier gibt es eine Zeichnung in Originalgröße, auf die bei der Herstellung immer wieder zurückgegriffen wird. Mithilfe von Hebeln in Form von Biegegabel und U-förmigen Lehren werden fließende, gefällige Formen geschaffen. Damit man keine übermäßig langen Profile bearbeiten muss, ist das Tor aus Einzelteilen zusammengesetzt, die zum Schluss durch Elektrodenschweißen miteinander verbunden werden. Die Gestaltung des Tores steht in der Tradition des katalanischen Jugendstils.

► **1.** Zunächst fertigt man verschiedene Skizzen des Tors an, bis die beste Lösung gefunden ist.

◄ **2.** Aus der Idee wird die Entwurfszeichnung entwickelt, die hier mit Bleistift angefertigt wurde.

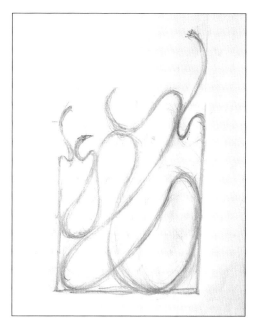

◄ **3.** Mit Kreide werden die Formen des Gartentors in Originalgröße auf dem Boden aufgezeichnet. Steht nicht ausreichend Platz zur Verfügung, kann diese Vorzeichnung auch auf einem Holzbrett oder einem Blech angefertigt werden.

▼ **4.** Die Zeichnung in Originalgröße ermöglicht es, die Formen während der Bearbeitung immer wieder daran zu überprüfen.

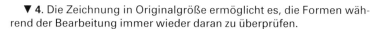

▲ **5.** Nehmen Sie ein Flacheisen und kanten Sie es in der Biegemaschine für Flachprofile zu einem rechten Winkel ab, sodass der untere Abschluss sowie ein seitlicher Abschluss des Tores entstehen.

▲ **6.** Das abgekantete Flacheisen legen Sie nun auf die Bodenzeichnung. Markieren Sie die Endpunkte und überprüfen Sie, ob der Winkel exakt 90° beträgt.

▲ **7.** Mithilfe eines Seils, das man auf die gezeichnete, geschwungene Linie legt, lässt sich die für die Herstellung dieses Elements notwendige Länge ausmessen.

▲ **8.** Ziehen Sie das Seil wieder gerade und zeichnen Sie mit Kreide den Punkt auf dem Flacheisen an, an dem die Verformung für die geschwungene Linie beginnen soll.

▶ **9.** An diesem Punkt setzt man die Biegung an. Das Flacheisen wird dazu in einer U-förmigen Lehre, die aus zwei Rohrstücken angefertigt und in den Schmiedeschraubstock gespannt ist, kalt gebogen. Mithilfe einer Biegegabel und der Lehre kann man einen Hebel an dem Flacheisen genau an dem mit Kreide markierten Punkt ansetzen und das Teil biegen.

◄ **10.** Wenn Sie das Gefühl haben, dass die Biegung die richtige Form hat, überprüfen Sie sie, indem Sie das Flacheisen auf die Zeichnung legen. Ist sie noch nicht richtig, wiederholen Sie das Biegen und das Prüfen so lange, bis die gewünschte Form erreicht ist.

▲ **11.** Mithilfe der Lehre und der Biegegabel arbeiten Sie nun die weiteren Biegungen des Flacheisens. Zeichnen Sie darauf immer die Anfangspunkte von Biegungen an oder die Bereiche, die nachgearbeitet werden müssen.

◄ **12.** Manchmal ergeben sich beim Biegen Unterschiede zwischen Werkstück und Zeichnung. Hier gilt es zu entscheiden, ob man das Werkstück nacharbeitet, damit es genau wie auf der Zeichnung vorgesehen geformt ist, oder ob man die neue Form beibehält – der Beginn eines Dialogs zwischen Form und Material.

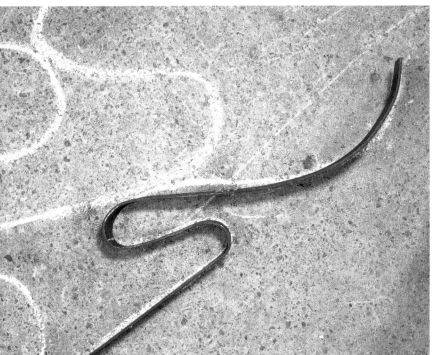

► **13.** Um sehr enge und genaue Biegungen zu erhalten, führt man diese Arbeiten an einer Rundbiegemaschine durch, die sich dafür als sehr nützlich erwiesen hat.

▲ ▼ 14. Auf diesen vier Abbildungen ist zu beobachten, wie nach und nach in den zuvor beschriebenen Arbeitsgängen die verschiedenen Teile des Tores entstehen.

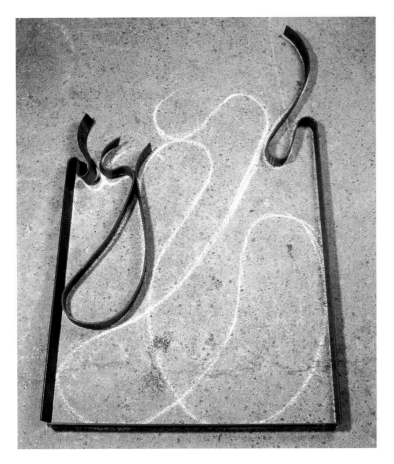

◄ 15. Wenn alle Teile fertig gebogen sind, werden sie zusammengeschweißt. Im abgebildeten Fall ist dieser Arbeitsgang mit einem Elektrodenschweißgerät durchgeführt worden, möglich ist aber auch das Schweißen im MIG-Verfahren.

► 16. Mit einer Schleifmaschine werden die Schweißnähte, an denen die einzelnen Teile des Tors verbunden sind, abgeschliffen, bevor man die Elemente zusammenfügt. Sie sind so leichter handhabbar und man gelangt mit den Maschinen besser in die Ecken. Die Teile müssen zum Schleifen fest im Schraubstock eingespannt oder mit einer Schraubzwinge gut am Arbeitstisch befestigt sein, damit sie sich nicht bewegen und somit zu Unfällen führen können.

► 17. Um das Tor zusammenzufügen, legen Sie die einzelnen Teile auf die Vorzeichnung auf dem Boden und verschlingen sie entsprechend ineinander. Falls nötig, können Sie eine Biegegabel verwenden, um die Enden zueinander zu bringen. Die verschlungenen Teile lassen das Tor viel voluminöser und sehr dynamisch wirken.

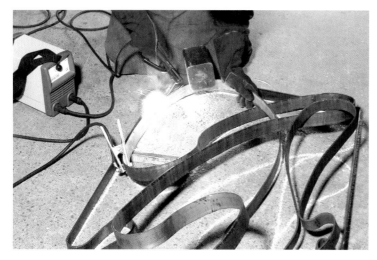

▲ 18. Sobald sich die Teile in der richtigen Position befinden, verbinden Sie sie mit dem Elektrodenschweißgerät. Im abgebildeten Fall drückt ein sehr schweres Eisenstück die Teile auf den Boden, damit sie sich während des Schweißens nicht bewegen.

► 19. Wenn alle Schweißarbeiten ausgeführt sind und jedes Teil fest verankert ist, wird das Werkstück nochmals abgeschliffen, um eine gleichmäßige Oberfläche zu erhalten und Kanten abzutragen, an denen man sich beim Öffnen und Schließen des Tores eventuell verletzen könnte.

▲ 20. Anschließend erhält das gesamte Gartentor einen Anstrich aus zwei dünnen Lagen Rostschutzmittel, in diesem Fall Bleimennige, damit der abschließende Farbanstrich gut und dauerhaft hält. Die Farbe des Schlussanstrichs lässt das Tor wie geschmiedet aussehen.

▼ 21. Scharnierdetail, mit dem das Tor an der Wand befestigt wird.

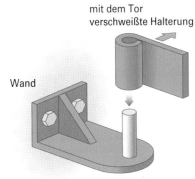

mit dem Tor
verschweißte Halterung

Wand

▶ 22. Das fertig montierte Tor am Bauernhaus Ca la Maria (Llagostera, Spanien).

Couchtisch aus Edelstahl

*D*ieser *Couchtisch ist eine Arbeit aus mattiertem, rostfreiem Stahl in Form eines Kubus. Die große Herausforderung besteht, neben der Bearbeitung von rostfreiem Stahl, in der Technik des Abkantens durch Anschneiden mit der Trennscheibe der Schleifmaschine sowie im WIG-Schweißen. Dadurch wird die Anzahl der Schweißnähte zur Verbindung der offenen Kanten gering gehalten. Als weitere Technik kommt das Schweißen mit versetzten Schweißnähten zum Einsatz. Somit verringert sich die Gefahr der Verformung der Bleche aufgrund der Hitze an den Nähten.*

Für die verschiedenen Arbeitsschritte müssen immer die notwendigen Schutzvorkehrungen getroffen werden, um Verletzungen von Augen, Händen und anderen Körperteilen zu vermeiden.

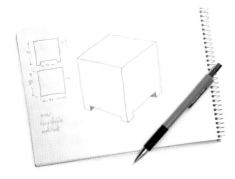

▲ 1. Eine Skizze mit den Maßangaben zeigt die Grundidee.

▶ 2. Auf einem Blech aus rostfreiem Stahl der Größe 200 × 50 cm und mit einer Stärke von 2 mm zeichnet man die Kanten der einzelnen Seiten des Kubus mithilfe eines Metalllineals und eines wasserfesten Filzstifts ein.

▼ 3. Zur Vorbereitung der Knickstellen des 2 mm starken, harten Blechs nimmt man eine Flex mit Trennscheibe, um die Materialstärke an den Knickkanten zu reduzieren. Damit die Kanten auch wirklich gerade werden, führt man die Trennscheibe über die gesamte Länge des Schnitts an einem geraden Eisenprofil entlang. So bearbeitet man das große Materialstück, aus dem die vier Seiten des Kubus geformt werden.

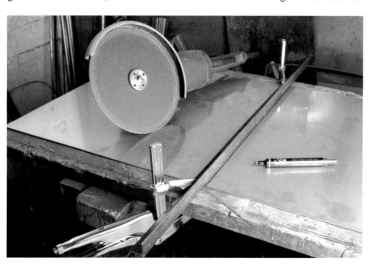

◀ 4. Mit Schleifmaschine und Trennscheibe trägt man Material an der Stelle ab, an der man später das Blech abkanten möchte. Dazu führt man die Schleifmaschine mehrmals entlang eines Lineals in Form eines Profils über das Blech.

▼ **5.** Die Nut entsteht nach vielen Arbeitsgängen, bei denen Sie kaum Druck auf das Blech ausüben dürfen, da Sie es sonst durchtrennen könnten. Diesen Vorgang führen Sie an allen Stellen durch, an denen das Blech geknickt werden soll.

◄ **6.** Im nächsten Arbeitsschritt werden die Kanten für den Kubus geknickt. Dazu legen Sie das Blech zwischen die Schienen der Schwenkbiegemaschine und arretieren es mithilfe des seitlichen Hebels der Maschine.

◄ **7.** Aktivieren Sie nun die bewegliche Schiene der Maschine und üben Sie auf diese Weise Druck auf das Blech aus, sodass es abknickt.

▼ **8.** Nach dem Biegen des Blechs prüfen Sie mit einem Winkelmaß, ob die Knickstellen einen Winkel von 90° aufweisen.

▶▶ **9.** Biegen Sie auf diese Weise alle Seiten des Kubus, bis sich seine äußeren Kanten berühren. Um den Kubus aus der Maschine herauszunehmen, muss man die Schienen voneinander lösen und das Blech vorsichtig herausdrücken.

▼ **10.** Zunächst wird die zu schließende Kante des Kubus punktuell verschweißt. Mit Schraubzwingen spannt man alle Edelstahlbleche ein, so auch das Blech, das die Oberseite bilden soll, welches ebenfalls punktuell an den jeweiligen Stellen geheftet wird. Ziehen Sie für diese Arbeit die Kunststofffolie, die das Blech schützt, in den entsprechenden Bereichen ab, damit sie nicht schmilzt.

◄ **11.** Die mit dem WIG-Verfahren vorgenommenen Verschweißungen zum Fixieren der Bleche sind etwa 2 cm lang; der Abstand zwischen ihnen beträgt etwa 8 bis 10 cm.

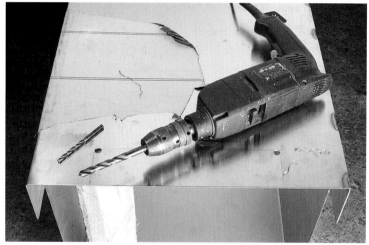

▲ **12.** Wenn alle Bleche des Kubus miteinander verbunden sind, schneiden Sie die Tischbeine aus. Bohren Sie dafür zwei Löcher an die Stellen, an denen sich die inneren Ecken des freien Bereichs zwischen den Tischbeinen befinden sollen. Aufgrund der besonderen Härte des Materials bohren Sie das Loch zunächst mit kleinem Durchmesser und danach mit einem größeren. So verhindern Sie ein Heißlaufen der Bohrmaschine.

◄ **13.** Mithilfe eines Profils als Führung arbeiten Sie nun zwischen den beiden Löchern einen Schnitt in das Blech. Die Führung muss mit Schraubzwingen gut befestigt sein, damit Sie einen geraden Schnitt erzielen.

▼ **14.** Die Löcher, die die Schnitte der Schleifmaschine begrenzen, sind hier gut zu erkennen. Um den Arbeitsschritt abzuschließen, entfernen Sie die Grate, die durch das Schneiden entstanden sind, und begradigen die Schnittkanten. Mit den abgetrennten Blechstücken können Sie anschließend die Tischbeine vervollständigen.

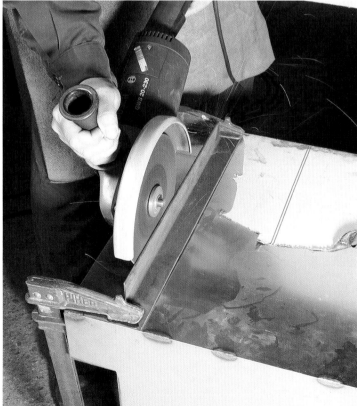

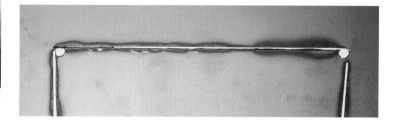

▼ 15. Mit den Reststücken, die in der Mitte abgekantet wurden, wird jeweils ein Tischbein gearbeitet, indem man es mit Schweißpunkten mit dem Seitenblech verbindet. Um exakt arbeiten zu können, fixiert man dabei das Blech mit einer kleinen Schraubzwinge.

▼ 17. Mit der Schleifmaschine, in die eine Schleifscheibe mittlerer Stärke mit der Nummer 60 oder 80 eingesetzt ist, werden die Schweißnähte für eine durchgehende Oberfläche abgeschliffen.

▲ 16. Durch die Hitze beim Schweißen kann sich die Oberfläche des Kubus dehnen, was zu Spannungen und Verformungen führt. Um dies zu verhindern, führt man die Schweißnaht nicht in einem Arbeitsgang durch, sondern arbeitet immer kurze, versetzte Einzelnähte, wie an den Zahlen im Bild dargestellt. Die Aufteilung der langen Schweißnaht in kurze Abschnitte verhindert Spannungen.

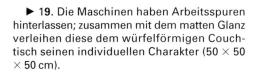

▲ 18. Wenn die Schutzfolie des Blechs abgezogen ist, wird die gesamte Oberfläche des Kubus mit einem Exzenterschleifer mit Schleifscheiben unterschiedlicher Körnung poliert. Zum Mattieren bringt man ein spezielles Tuch auf dem Exzenterschleifer an und bearbeitet damit die Oberfläche.

▶ 19. Die Maschinen haben Arbeitsspuren hinterlassen; zusammen mit dem matten Glanz verleihen diese dem würfelförmigen Couchtisch seinen individuellen Charakter (50 × 50 × 50 cm).

Türklopfer aus Eisen

*B*ei diesem Projekt wird ein schmiedeeiserner Türklopfer in Schlangenform angefertigt. Beispielhaft werden in den verschiedenen Arbeitsschritten einige Grundtechniken des Schmiedens veranschaulicht. Zunächst arbeitet man die Schwanzspitze der Schlange. Dabei wendet man die Techniken des Absetzens, Schlichtens, Spitzens und Rollens eines Metallstabs an. Durch Drehen des Stabes entsteht danach der Körper, darauf folgt der Kopf durch Stauchen und Spitzen. Anschließend werden Hals und Maul der Schlange geformt, indem ein Schnitt am Kopf gesetzt und die Stange gebogen wird.

Schließlich arbeitet man noch die Nägel und das Anschlagblech für den Türklopfer. Als Endbearbeitung werden die Werkteile schwarzgebrannt.

Diese Anleitung versteht sich als eine tief empfundene Hommage an die Schmiedehandwerker, die als unbekannte Künstler über Jahrhunderte hinweg mit ihrer Arbeit und ihren Werken unser Leben bereichert und geprägt haben und dies auch heute noch tun.

◀ **1.** Diese Skizzen zeigen, wie verschiedene geschmiedete Formungen zu einem Türklopfer werden können.

▶ **2.** Das Schmieden beginnt mit der Erwärmung eines quadratischen Vierkantstabs, bis dieser in der Glut des Schmiedeherds Kirschrotglut erreicht hat.

▼ **4.** Durch das Spitzen entsteht an dem abgesetzten Teil des Stabes eine gleichmäßig zulaufende Spitze. Hierfür schlagen Sie den erwärmten Stab auf der Bahn des Ambosses, bis sich an seinem Ende eine Spitze bildet.

▲ **3.** Um die Schwanzspitze des Türklopfers zu arbeiten, wird das Metall abgesetzt. Dazu schlagen Sie mit dem Treibhammer auf den erwärmten Stab, der auf dem Rundhorn aufliegt. Um das Metall richtig abzusetzen, muss dieser Vorgang mehrere Male wiederholt werden, wobei Sie den Stab immer wieder in der Glut erwärmen müssen, sobald er abkühlt.

▼ **5.** Mit der gewölbten Bahn des Hammers wird der Teil, der später einmal den Körper der Schlange bilden soll, geschlichtet und die Eisenmasse zu den Seiten getrieben.

▲ **6.** Indem man den quadratischen Querschnitt des Stabes mit der flachen Bahn des Hammers bearbeitet, verändert er sich und wird rechteckig. Der Stab lässt sich mit einem solchen Querschnitt später torsieren.

▲ **7.** Nun beginnt das Einrollen des Schwanzes an dem gespitzten Stabende, das man zuvor erwärmt hat. Es wird über die Spitze des Ambossrundhorns gelegt und mit dem Hammer in Form gehauen.

► ► **8.** Fahren Sie nun mit dem Einrollen fort, indem Sie die gebogene Spitze abwechselnd auf der Ambossbahn und über dem Rundhorn weiter bearbeiten, bis der Schwanz der Schlange die richtige Form annimmt.

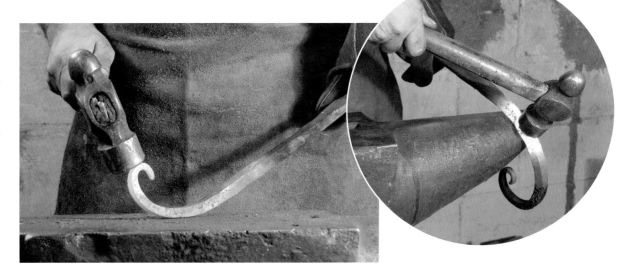

► **9.** Für eine gute Feinabstimmung der Rundung muss man die Schläge am Ende sehr sorgfältig setzen.

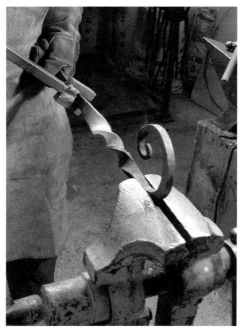

◄ **10.** Für die Formung des Schlangenkörpers wird nun der zuvor zu einem rechteckigen Stab behauene Teil gedreht. Man spannt dazu den fertigen Schwanz in den Schraubstock ein und torsiert den erwärmten Teil mit einer Biegegabel.

▼ **11.** Für den Schlangenkopf wird das entsprechende Ende der Stange zunächst gestaucht. Dafür erhitzt man dieses Ende in der Glut des Schmiedeherds, bis es hellorange ist, und schlägt es dann auf die Bahn des Ambosses.

◀ **12.** Nun streckt man den Hals der Schlange, damit dieser schlanker wird als Körper und Kopf. Setzen Sie dazu zunächst den Halsansatz an allen vier Stabseiten auf einem Kehlstöckel mit stumpfer Schneide ab.

◀ **13.** Jetzt wird der Hals gezogen, dabei liegt der Stab so auf dem Amboss, dass das gestauchte Ende über die Bahn hinausragt, damit es nicht beschädigt wird.

▼ **14.** Um den Kopf der Schlange zu arbeiten, formen Sie das äußere Ende des gestauchten Teils mit dem Hammer zu einem Rhombus.

▼ **15.** Biegen Sie nun den Hals in einer U-förmigen Lehre, die in den Schmiedeschraubstock eingespannt ist.

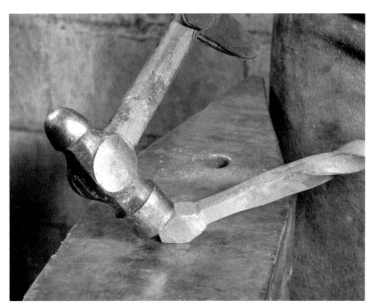

▼ **16.** Nun ist die Schlange fast fertig; mit den Arbeitstechniken des Spitzens und Rollens entstand der Schwanz, durch Schlichten und Verdrehen der Körper, durch Absetzen, Strecken und Biegen der Hals und schließlich durch Stauchen und Spitzen der Kopf.

▶ **17.** Für das Maul setzt man mit der Schleifmaschine einen Schnitt am Kopf der Schlange.

▶ **18.** Man erwärmt den Schnitt am Kopf im Schmiedeherd, legt diesen auf ein Abschrot mit scharfer Schneide auf und schlägt von hinten auf den Stab, damit sich das Maul öffnet. Beim Erwärmen dieses Teilstücks muss man besonders darauf achten, dass nicht das schmalere Teilstück des Schnitts abschmilzt. Hierfür ist es notwendig, das Werkstück während des Erwärmens beständig zu drehen und genau im Auge zu behalten.

▼ **19.** Nun werden die Nägel geschmiedet; dafür wird über einem Kehlstöckel ein zuvor erhitzter Rundstab abgesetzt.

▼ **20.** Das Eisen wird ab dieser Markierung gestreckt und gespitzt, um die Spitze des Nagels zu formen.

▼ **21.** Setzen sie nun die Stelle, wo der Nagel abgetrennt werden soll, mithilfe eines scharfen Abschrots ab.

▲ **22.** Den angespitzten Teil des zukünftigen Nagels steckt man in ein Locheisen (Nageleisen); man biegt den Stab so lange, bis er sich an der abgesetzten Stelle löst.

▲ **23.** Für den Nagelkopf klopft man das verbliebene, noch rotglühende Endstück platt.

▲ **24.** Die Ränder des Nagelkopfes werden zu der gewünschten Form nachgearbeitet. Auf diese Weise fertigt man so viele Nägel, wie man benötigt.

▶ **25.** Das Locheisen und die fertigen Nägel.

◀ **26.** Das Teil, mit dem der Türklopfer an der Tür befestigt werden soll, schneidet man mithilfe des Plasmaschneidbrenners aus einem Stück Blech aus. Darauf verankert man dann später die Schlange.

◀ **27.** Man erwärmt das Blech und gibt ihm auf dem Amboss mit der gewölbten Bahn des Hammers die richtige Textur.

▶ **28.** Über dem Vierkanthorn des Ambosses werden nun die vorspringenden Randteile in Form gebogen, wo der Stift zur Befestigung des Türklopfers verankert werden soll.

◄ **29.** Nachgearbeitet wird das Blech, indem mögliche Verformungen geschlichtet werden.

◄ **30.** Befestigt wird der Türklopfer mit einem runden geschmiedeten Stift. Zuvor wurde dafür in dem Bereich, in dem der Körper der Schlange gebogen wurde, ein Loch gebohrt, durch das nun der Stift geführt wird. Auch in das Blech wurden entsprechende Löcher zur Befestigung an der Tür gearbeitet.

▲ **31.** Abschließend erwärmt man das Werkstück mit einem Gasbrenner und bestreicht es dann mit Leinöl, das dabei verbrennt und schwarz wird. Zwischen den Arbeitsgängen empfiehlt es sich, Ölreste mit Zeitungspapier abzuwischen, damit es keine Flecken oder unterschiedlich gefärbte Stellen gibt. Je dunkler die Oberfläche werden soll, desto häufiger muss man diesen Arbeitsgang wiederholen.

Am Ende wird das vollständig abgekühlte Werkstück mit einem in Öl getränkten Tuch abgerieben oder mit Wachs bestrichen, um so eine homogene Oberfläche zu erzielen.

▶ **32.** Der geschmiedete Türklopfer in Form einer Schlange. Das Teil, auf das der Türklopfer schlägt, wurde ebenfalls in den beschriebenen Techniken hergestellt. Aus einem dickeren Flacheisen wurde mit dem Plasmaschneidbrenner ein rhombenförmiges Stück mit langer Spitze ausgeschnitten. Diese Spitze wurde in einen 90°-Winkel gebogen und im Schmiedeherd erwärmt. An dieser Spitze befestigt man das rhombenförmige Stück an der Tür.

Tablett mit ausgeschnittenen Griffen aus Messingblech

*D*as Tablett wird aus einem Messingblech der Stärke 1,5 mm hergestellt, einem Abfallstück aus einer Kesselschmiede. Auf diese Weise erhält das Metall eine ganz neue Funktion, die so nicht vorgesehen war. Bei diesem Projekt soll die Verwendung einer Schablone dargestellt werden, durch die man Formen auf das Blech übertragen kann. Ebenso wird gezeigt, wie durch geschicktes Biegen möglichst wenig Lötarbeiten am Werkstück nötig sind, wodurch man auch unerwünschte Verformungen des recht dünnen Blechs infolge der hohen Löttemperaturen vermeiden kann.

▲ **1.** Einige Skizzen verdeutlichen, wie das Tablett und entsprechend die Schablone aussehen sollen.

◀ **2.** Das Messingblech wird auf die in der Skizze berechnete Größe mit der Handhebelschere zurechtgeschnitten, um nicht ein unnötig großes Stück Blech bearbeiten zu müssen.

◀ **3.** Mit dem Exzenterschleifer, auf den eine feine Schleifscheibe gesetzt ist, schleifen Sie das Blech glatt. Vor dem Beginn der Arbeit sollte das Blech so sauber wie möglich sein.

◀ **4.** Nun wird die geschliffene Oberfläche mit einem Tuchaufsatz auf dem Exzenterschleifer nachpoliert, damit sie matt und ebenmäßig wird.

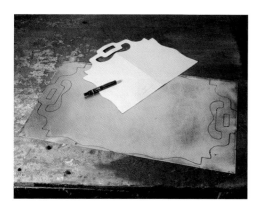

▲ **5.** Auf die vorbereitete Oberfläche zeichnen Sie mithilfe einer Schablone aus Karton die Umrisse sowie die auszuschneidenden Elemente des Tabletts auf. Da die Gestaltung symmetrisch ist, reicht die Schablone einer Hälfte.

▲ **6.** Mit Hammer und Körner markiert man innerhalb der auszuschneidenden Elemente die Stellen für die Löcher. Anschließend bohrt man die Löcher mit einem Spiralbohrer, dessen Durchmesser etwas größer ist als das Sägeblatt der Stichsäge.

▲ **7.** Durch die Löcher im Blech kann nun das Sägeblatt der Stichsäge eingeführt und das Blech entlang der eingezeichneten Linien ausgesägt werden. Einige runde Bereiche sägt man zur Arbeitserleichterung, wenn möglich, mit einem Bohrkranz aus.

▶ **8.** Schneiden Sie den äußeren Rand des Tabletts mit der Elektroblechschere, die sich für runde Schnitte in dünnem Blech eignet. Man nutzt dabei den Anschluss an die mit dem Bohrkranz ausgeschnittenen Löcher.

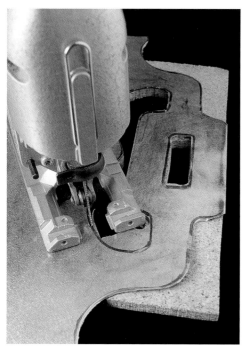

◀ **9.** Innen liegende Schnitte werden mit der Stichsäge gearbeitet. Dabei kommt die unter »Trennen mit der Säge« besprochene Technik zur Anwendung. Denken Sie daran, dass für runde Sägeschnitte zunächst das Material in der Rundung nach und nach abgetragen wird.

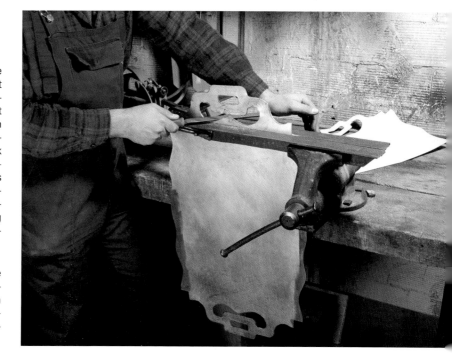

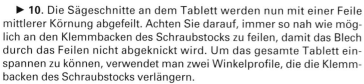

▶ **10.** Die Sägeschnitte an dem Tablett werden nun mit einer Feile mittlerer Körnung abgefeilt. Achten Sie darauf, immer so nah wie möglich an den Klemmbacken des Schraubstocks zu feilen, damit das Blech durch das Feilen nicht abgeknickt wird. Um das gesamte Tablett einspannen zu können, verwendet man zwei Winkelprofile, die die Klemmbacken des Schraubstocks verlängern.

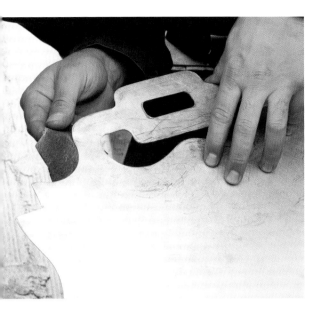

◄ 12. Damit auch das äußere Ende des Griffs schön gebogen wird, biegt man diesen Teil von Hand mit einem Kunststoffhammer über einer Walze der Rundbiegemaschine leicht vor.

▲ 11. Mit Schleifleinen entfernen Sie die beim Feilen entstandenen Kanten, Grate und Kratzer, damit sich das Material geschmeidig und glatt anfühlt.

◄ 13. Legen Sie nun das vorgebogene Ende des Griffs zwischen die beiden parallelen Walzen und ziehen Sie mit dem Drehhebel die gesamte Griffseite in die Biegemaschine ein. Dieser Vorgang wird dann auf der anderen Seite des Tabletts wiederholt.

◄ 14. Nachdem die Griffe gebogen sind, können die Langseiten in der Schwenkbiegemaschine aufgekantet werden. Dazu fixiert man die Seite des Tabletts zwischen den Wangenschienen und betätigt die weitere Schiene, die das Blech biegt.

► 15. Nun biegt man die Schmalseiten, an denen sich die Griffe befinden. Man verwendet hierbei ein Vierkantprofil als Einsatz zwischen den Schienen der Biegemaschine, um die Höhe der bereits gebogenen Langseiten auszugleichen und die Kurzseite des Tabletts an der richtigen Stelle aufzukanten.

► **16.** Sind alle Seitenteile des Tabletts aufgekantet, werden die Kanten mit Messinglot hartgelötet. Für das Hartlöten benötigt man eine oxidierende Flamme mit sehr viel Sauerstoff, damit das Zink als Bestandteil der Messinglegierung nicht flüchtig wird.

▲ **17.** Schleifen Sie die Lötstellen mit einer feinen Schleifscheibe nach. Hierbei sollen nur die Oberflächen an den Lötstellen ausgeglichen werden. Es empfiehlt sich, das Tablett aufrecht zu stellen und mit einem Gewicht auf der Gegenseite zu beschweren, denn beim Einspannen in den Schraubstock könnte die Oberfläche verkratzen oder sich verformen.

◄ **18.** Für das abschließende Mattpolieren verwendet man eine Spezialschleifmaschine, mit der auch Ecken bearbeitet werden können. Zunächst nimmt man ein Schleifpapier mittlerer Körnung, danach eines mit sehr feiner Körnung und schließlich erhält das Tablett durch Polieren mit Stahlwolle und einem Tuch einen matten Glanz.

▼ **19.** Das fertige Messingtablett in seinem weichen, matten Glanz.

Gartentisch aus Eisen

Im folgenden Projekt, einem Tisch, werden die Techniken des Schmiedens und des Kaltbiegens angewandet. Als Ausgangsmaterial für das Gestell des Tisches dienen Eisenstangen von einem alten Eisengitter.

Hauptgestaltungselement und Blickfang in der Tischmitte ist eine offene, exzentrische Spirale auf Ebene der Tischplatte. Darüber hinaus gibt es zwölf weitere eng gerollte Spiralen an den Ecken zwischen Tischbeinen und Tischplatte. Die Platte selbst besteht aus farblosem, durchsichtigem Glas, durch das die Schmiedearbeiten und die gesamte Konstruktion des Tisches sichtbar bleiben. Die Oberfläche ist oxidiert und erhält einen Lacküberzug. Mit der Fertigung des Tisches werden einige Metallarbeitstechniken vertieft und gleichzeitig entsteht ein kunstvoll gestalteter Gebrauchsgegenstand.

▲ **1.** Die Arbeit für den Tisch beginnt man mit der Anfertigung einer Konstruktionszeichnung. In diesem Fall wurde die Grundidee in das Computerprogramm *Autocad* eingegeben, wobei auch andere Programme, wie zum Beispiel *Freehand* oder *Archicad*, geeignet sind.

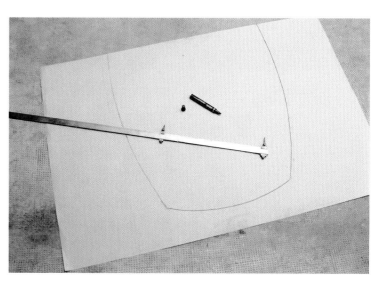

▲ **2.** Die Zeichnung des Grundgerüsts des Tisches überträgt man mithilfe eines Stangenzirkels und eines Faserschreibers in Originalgröße auf Karton.

▼ **3.** Man trennt die Stäbe des alten Gitters, indem man seine Verschweißungen mit einer Schleifmaschine mit Trennscheibe löst.

▼ **4.** Für die Krümmung der Tischbeine legt man jeweils einen quadratischen Vierkantstab über ein U-Profil und bearbeitet ihn mit dem Hammer. Diese Schläge müssen sorgfältig gesetzt werden, damit sich die Krümmung langsam herausbildet und nicht zu stark wird.

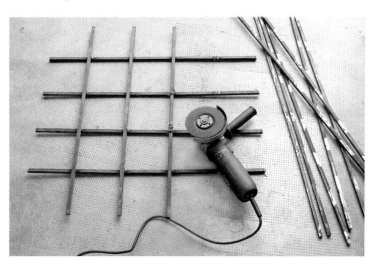

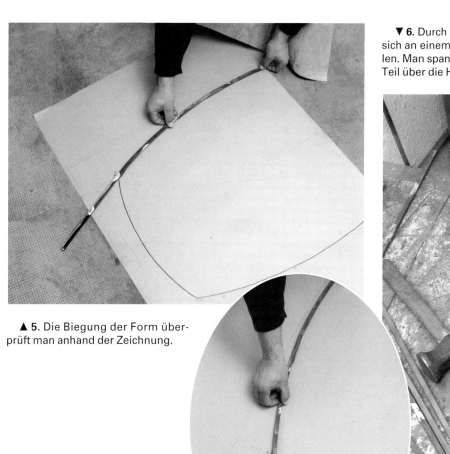

▲ 5. Die Biegung der Form überprüft man anhand der Zeichnung.

► 7. Vergleichen Sie Biegungen und Krümmungen des Stabes mit der Zeichnung, um mögliche Abweichungen nachzuarbeiten. Mit den übrigen Stäben verfahren Sie genauso.

▼ 6. Durch punktgenaues Erwärmen mit dem Schweißbrenner lässt sich an einem Ende des Stabes die gewünschte starke Biegung erzielen. Man spannt einen Teil in den Schraubstock und biegt den anderen Teil über die Hebelwirkung in den entsprechenden Winkel.

▼ 8. Nun legt man die einzelnen Teile, aus denen sich die Beine zusammensetzen, auf die Zeichnung, um die Richtigkeit ihrer Form erneut zu überprüfen, bevor man sie zusammenschweißt.

▼ 9. Danach werden die Teile im Elektrodenschweißverfahren zusammengefügt. Hierfür beschwert man die Stäbe mit Gewichten, damit sie sich nicht aufgrund der Ausdehnung und Spannungen, die das Schweißen erzeugt, anheben.

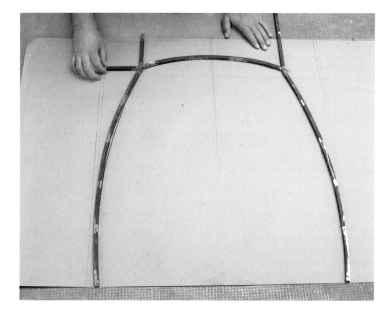

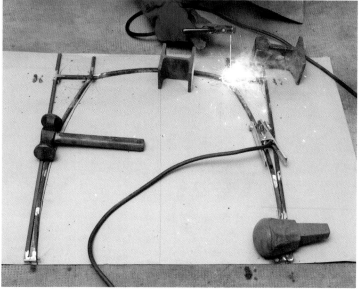

▲ ▲ ▲ 10. Auf die oben abgebildete Konstruktion wird später die Glasplatte des Tisches gelegt. Dazu greifen die Stäbe an den Verbindungsstellen ineinander. Die einem Kreuzblatt ähnliche Verbindung entsteht durch Entfernen des jeweils entsprechenden Teilstücks mithilfe einer Schleifmaschine, wobei der Stab nie ganz durchtrennt werden darf. Danach werden zwei der inneren Kanten der Stäbe abgeschrägt, um Raum für die Schweißraupe zu schaffen und eine gute Verbindung der Teile sicherzustellen. Diese Arbeit wiederholt man für jede Verbindung.

▼ 11. Ist die Unterkonstruktion für die Tischplatte wie oben beschrieben vorbereitet, führen Sie die Schweißarbeiten durch. Danach werden die Schweißnähte mit der Schleifmaschine und Schleifscheibe eben geschliffen. Schützen Sie sich bei dieser Arbeit gegen Funkenflug!

◀ 12. Detail der Verbindungsstelle zwischen Plattenunterkonstruktion und Tischbein; das obere Ende des Tischbeins wird abgeschrägt, um auf diese Weise Raum für die Schweißraupe zu schaffen.

◀ 13. Drehen Sie die gesamte Arbeit um und stellen Sie die Tischbeine auf die Plattenunterkonstruktion. Mithilfe eines magnetischen Winkels (hier rot) kann ein 90°-Winkel zwischen dem Tischbein und der Plattenunterkonstruktion beim späteren Schweißen dieser Stelle exakt eingehalten werden.

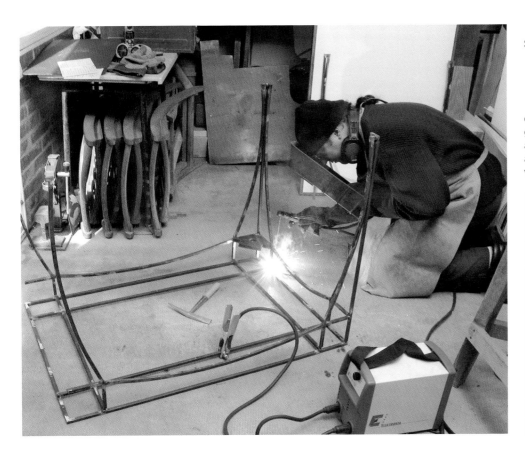

◄ **14**. Überprüfen Sie alle Winkel und führen Sie dann die Schweißarbeiten durch.

▼ **15**. Nun können Sie mit der Herstellung der exzentrischen Spirale für die Tischmitte beginnen. Dafür wird zunächst eine Schablone aus Metall in Form der gewünschten Spirale angefertigt. Beginnen Sie, indem Sie die gewünschte Form auf eine Metallplatte zeichnen.

▼ **16**. Biegen Sie nun einen Flachstahl mithilfe einer Biegegabel und einer Lehre zurecht und setzen Sie so die Schablone aus einzelnen Bögen zusammen.

▼ **17**. Die gebogenen Schablonenteile werden überprüft, indem man sie auf die Zeichnung auf der Metallplatte legt.

► **18**. Die einzelnen gebogenen Flachstahlteile der Schablone liegen zur Prüfung der Form auf der Zeichnung. Noch sind sie nicht aneinander geschweißt, da sie nur nach und nach, parallel zum Schmieden der eigentlichen Spirale für den Tisch, auf der Metallplatte befestigt werden.

▲ **19.** Beginnen Sie mit einigen Schweißpunkten, den Anfang der Schablone entsprechend der Zeichnung auf der Metallplatte zu
befestigen.

◄ **20.** Erwärmen
Sie nun das Ende des
Stabes, der zur Spira-
le werden soll. Klem-
men Sie ihn auf der
Metallplatte fest und
beginnen Sie, die Spi-
rale zu schmieden.

◄ **21.** Nachdem der erste Teil der Spirale geformt ist, befestigt man
das nächste Teilstück der Schablone ebenfalls mit einigen Schweißpunkten auf der Platte.

▼ **22.** Erwärmen Sie nun jeweils nur das zu biegende Teilstück des Spi-
ralstabes, legen Sie ihn in die Schablone und biegen Sie ihn in Form.

▼ **23.** Diese Prozedur wird mehrmals wiederholt; falls das Metall abgekühlt ist, erwärmen Sie es zwischendurch im Schmiedeherd.

◄ ▼ **24.** Bei der Herstellung dieser exzentrischen Spirale werden die Einzelteile der Spiralenschablone nach und nach mit dem Fortgang des Schmiedens angesetzt, was etwas Zeit erfordert.

◄ ▼ **25.** Indem man die Teilstücke der Schablone mit einzelnen Schweißpunkten nacheinander auf der Platte befestigt und nach und nach die einzelnen Teilbereiche des zu biegenden Stabes jeweils erwärmt und formt, erhält man schließlich einen Stab, der zu der gewünschten Spiralform gebogen ist.

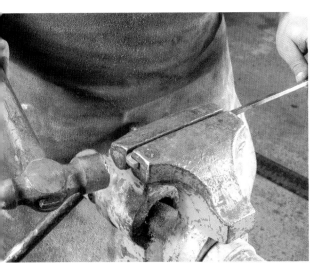

◀ **26.** Nun kann die Fertigung der zwölf Spiralen für die Eckpunkte zwischen Tischplatte und Tischbeinen beginnen. Im ersten Schritt kantet man am Schmiedeschraubstock das eine Ende eines erwärmten Vierkantstabes rechtwinklig ab. Dieses abgeknickte Ende wird zum Aufwickeln der Spirale immer wieder eingespannt.

▶ **27.** Wenn das Stabende in den Schraubstock gespannt ist, beginnen Sie mithilfe eines Hammers die erste Windung zu arbeiten.

▲ ▲ ▲ **28.** Danach wird das Eisen immer wieder im Schmiedeherd erwärmt und über dem Schraubstock weiter zur Spirale gewickelt, bis diese die gewünschte Größe erreicht hat. Für das Wickeln macht man sich die Hebelwirkung zunutze und formt mit dem Hammer die Spirale.

◀ **29.** Gegen Ende des Einrollens hält man die Spirale mithilfe einer Schmiedezange an dem abgekanteten Ende fest. Auf die gleiche Weise werden die elf weiteren Spiralen gefertigt.

▶ **30.** Mit Gripzangen wird nun die große exzentrische Spirale wie angezeichnet in der Mitte der Plattenunterkonstruktion fixiert und mittels des Elektrodenschweißens mit ihr verschweißt.

▶ **31.** Fügen Sie die zwölf kleinen Spiralen in die vorgesehenen Quadrate ein, in denen sie passgenau sitzen, was das Festschweißen erleichtert. Man schweißt immer von innen, damit außen keine Schweißpunkte das Aussehen des Tisches stören.

▲ **32.** Die Oberfläche des Tischgestells erhält eine einheitliche Eisenoxidationsschicht. Dafür wird der Tisch abends angefeuchtet, damit das Wasser nicht so schnell wie tagsüber in der Sonne verdunstet. Man wiederholt diesen Vorgang, bis der gewünschte Farbton oder eine Kombination aus gefälligen Farbtönen erreicht ist.

▲ **33.** Bevor man einen Schutzlack auf das Tischgestell aufträgt, muss lose am Metall anhaftender Rost mit Schmirgelleinen abgerieben werden. Hier ist das Schmirgelleinen auf einem Schwamm befestigt, um seine Handhabung zu erleichtern. Abschließend trägt man mehrere Lagen eines transparenten, farblosen Lacks für Metall auf und darüber eine Lage farbloses Wachs. Dieses Lackieren und Wachsen muss man von Zeit zu Zeit wiederholen, falls der Tisch im Freien steht und der Witterung ausgesetzt ist.

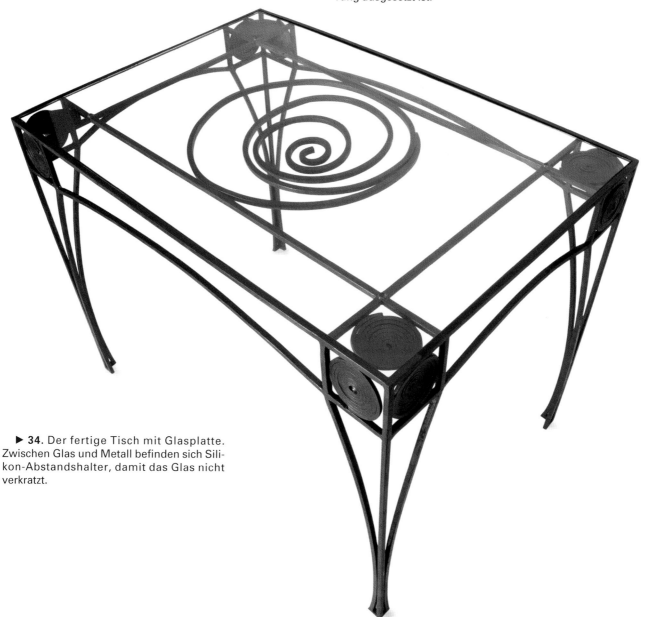

► **34.** Der fertige Tisch mit Glasplatte. Zwischen Glas und Metall befinden sich Silikon-Abstandshalter, damit das Glas nicht verkratzt.

Schmuckkästchen aus Kupferblech

*B*ei der Herstellung dieses Schmuckkästchens aus Kupferblech und rostfreiem Stahl kommen die Techniken des Tiefziehens, des Hartlötens mit Phosphorkupferlot und das Widerstandspressschweißen zur Anwendung.

Das Besondere bei diesem Projekt ist neben der Bearbeitung von Kupferblech das Tiefziehen der unterschiedlichen geometrischen Formen in dem Material. Dazu müssen zuvor die entsprechenden Hohlformen gearbeitet werden. Die Verbindung der Seiten des Kupferkästchens erfolgt nach dem Tiefziehen der geometrischen Formen, um ein Glühen des Kupfers zu vermeiden, das beim Löten auftreten kann.

Den Abschluss des Kästchens bildet eine Abdeckung aus einem Edelstahlgitter, durch das die Schmuckstücke betrachtet werden können, ohne dass sie gleich berührt werden müssen.

◀ **1.** Die Idee des geplanten Schmuckkästchens entwickelt sich aus Skizzen und Schablonen.

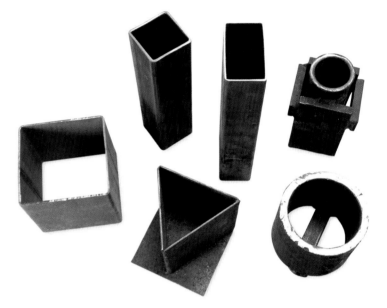

▶ **2.** Um die geometrischen Formen in das Kupferblech arbeiten zu können, verwendet man industriell gefertigte Hohlprofile. Wenn es ein solches Profil nicht vorgefertigt gibt, etwa das Dreieck, wird es aus Stahlblech entsprechend gearbeitet und geschweißt.

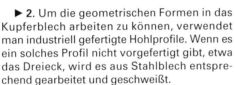

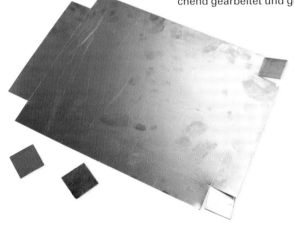

▲ **3.** Nehmen Sie ein Kupferblech mit einer Stärke von 1 mm; seine Größe ergibt sich aus der Vorzeichnung. Mit der Blechschere schneiden Sie die Ecken aus. Diese Schnitte müssen jeweils die gleiche Größe haben. Die Platte mit den ausgeschnittenen Ecken bildet die Basis des Kästchens.

▶ **4.** Legen Sie das Blech in die Biegemaschine ein und kanten Sie beide Langseiten ab.

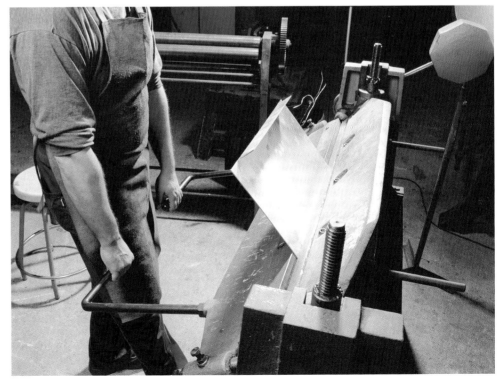

► 5. Mithilfe eines Holzklotzes, der so hoch ist wie die bereits abgekanteten Langseiten, arbeitet man mit der Biegemaschine die beiden verbliebenen kurzen Seiten.

◄ 6. Auf das abgekantete Blech zeichnen Sie nun die Formen, die in Tiefziehtechnik gearbeitet werden sollen. Nehmen Sie für das Aufzeichnen eine Schablone aus Karton, aus der die Umrisse der ausgewählten Profile ausgeschnitten sind.

▲ 7. Mit einer Feile bearbeitet man scharfe Kanten der Profile, damit sie die Rückseite des Blechs beim Tiefziehen nicht allzu sehr verkratzen.

▲ 8. Das Profil wird in den Schraubstock gespannt und das Kupferblech mit der entsprechenden Form exakt darüber gelegt. Nun schlägt man mit der runden Bahn des Treibhammers auf das Blech und arbeitet so die Form heraus.

▲ 9. Um unerwünschte Verformungen wieder zu entfernen, wendet man gelegentlich das Blech und bearbeitet es entsprechend mit der glatten Bahn eines Schlichthammers, wobei das Blech dann auf einer glatten Fläche, etwa einem Setzstock, aufliegen muss.

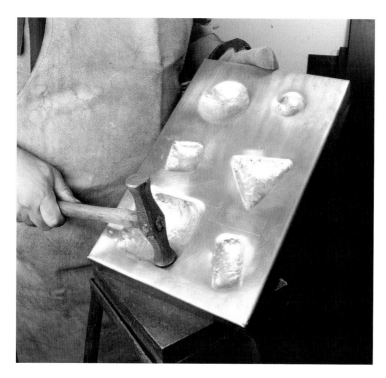

▲ **10.** Wenn alle geometrischen Formen durch Tiefziehen geformt sind, werden sie mit der runden Bahn des Spannhammers nachgearbeitet.

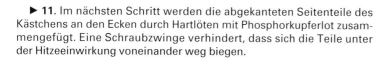

▶ **11.** Im nächsten Schritt werden die abgekanteten Seitenteile des Kästchens an den Ecken durch Hartlöten mit Phosphorkupferlot zusammengefügt. Eine Schraubzwinge verhindert, dass sich die Teile unter der Hitzeeinwirkung voneinander weg biegen.

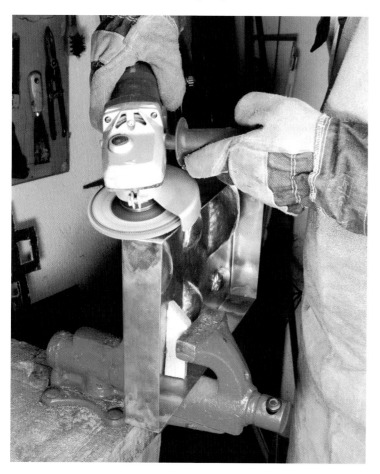

◀ **12.** Sind die Lötstellen abgekühlt, werden sie mit einer Schleifmaschine und einer feinen Schleifscheibe an die übrigen Oberflächen angeglichen. Damit sich das Blech beim Einspannen in den Schraubstock nicht verbiegt, legt man einen Holzklotz dazwischen.

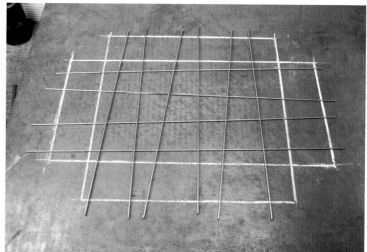

▲ **13.** Um die Gitterabdeckung zu anfertigen, zeichnen Sie zunächst mit Kreide die Umrisse des Kästchens sowie der umgebogenen Seitenteile auf eine ebene Fläche. Legen Sie nun die Stäbe aus rostfreiem Stahl darüber und arrangieren Sie sie im gewünschten Raster.

▶ **14.** Markieren Sie auf den Stäben jeweils die Punkte, an denen sie miteinander verschweißt werden sollen. Verwendet wird hier das Verfahren des Widerstandspressschweißens.

▼ **15.** Die Verschweißungspunkte der Stäbe werden auf dem Rundhorn des Ambosses glatt gehauen.

◀▼ **16.** Um die Gitterabdeckung für das Schmuckkästchen zu fertigen, werden die Stäbe aus rostfreiem Stahl mit dem Punktschweißgerät zusammengefügt. Zunächst sollte man die passende Schweißdauer an Stabresten ausprobieren, bevor man die Arbeit am Gitter beginnt.

◀ **17.** Sind die Stäbe zusammengeschweißt, legt man das Gitter auf das bearbeitete Blech und markiert die Punkte, an denen die Stäbe abgeknickt werden müssen, um eine richtige Abdeckung zu erhalten.

▲ **18.** Biegen Sie die Stäbe mit einer Schnabelzange, sodass die Gitterabdeckung entsteht.

▶ **19.** Für den Längenausgleich der Stäbe mithilfe einer Schleifmaschine mit Trennscheibe müssen die Stäbe fest auf dem Arbeitstisch verankert sein. So können alle Stäbe auf die gleiche Länge zugeschnitten werden.

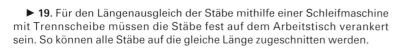

▲ **20.** Damit die Gitterabdeckung schön glänzt, reibt man die Stäbe mit einem Putzschwamm ab.

▶ **21.** Die Oberfläche des Kästchens wird nun mit dem Schweißbrenner oxidiert, sodass irisierende Farbspiele entstehen.

▲ **22.** Um die beim Erwärmen des Kästchens entstandene Farbe zu konservieren, wird es mit einem Gemisch aus Wachs und Kolofonium-harz überzogen.

▲ ▼ **23.** Das fertige Schmuckkästchen.

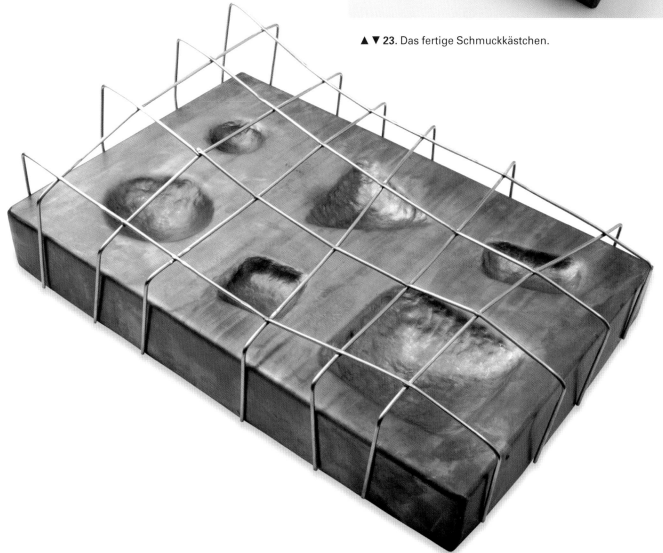

Gestaltung eines Messingdrachens

*D*as Projekt basiert auf einer relativ einfachen Arbeitstechnik: Die Form eines aus Plastilin modellierten Drachenkopfes wird auf Messingblech übertragen. Zunächst formt man den Drachenkopf ausgehend von ersten Entwürfen und Skizzen aus Plastilin-Knetmasse. Auf diese Weise erhält man eine Vorlage für jedes einzelne Teil des Kopfes und kann ihn so auf Metall übertragen. Dieses wird über einer Bleiplatte mit einem Spezialhammer getrieben, bis die richtige Form erreicht ist.

Bei dieser Arbeit geht es nicht darum, die modellierte Figur exakt zu kopieren, sie bildet vielmehr einen Ausgangspunkt, um die Metallfigur zu erschaffen, denn Plastilin-Knetmasse und Messing sprechen jeweils eine ganz eigene Materialsprache. Die Gestaltung dieses Drachens ist eine zweckfreie, bildhauerische Arbeit.

▲ **1.** Das Modell entwirft man in zahlreichen Vorzeichnungen und Skizzen des Drachenkopfes.

▲ **2.** Um besser modellieren zu können, wird ein stabilisierendes Innengerüst aus Metall gefertigt. Dieses besteht aus Stahlstäben, die entsprechend der gewünschten Form gebogen sind.

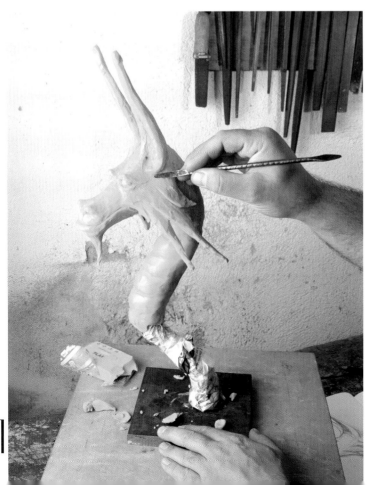

◀ **3.** Um dem Kopf Volumen zu verleihen, wird das Innengerüst mit Zeitungspapier umwickelt. Darauf trägt man das Plastilin auf, aus dem die Figur modelliert wird. Nun kann man die Schablonen fertigen, die man braucht, um jedes Teil des Drachenkopfes auf das Metallblech zu übertragen. Beispielhaft für die Anfertigung der Schablonen ist hier das Abnehmen der Form des Drachenohres genauer dargestellt. Das Verfahren verläuft für die übrigen Teile genauso.

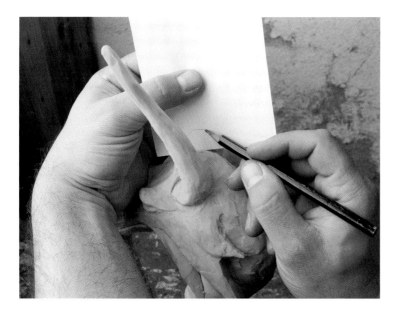

▲ 4. Man legt ein Stück Papier über das Ohr. Mit dem Bleistift zeichnet man darauf die Kontur des Übergangs vom Ohr zum Kopf nach.

▲ 5. Hat man das Papier an dieser Linie ausgeschnitten, umwickelt man damit grob das Ohr, zeichnet die Form an und schneidet entsprechend aus.

► 6. Nun legt man das Papier eng über das Drachenohr, wobei Knicke und Falten zu vermeiden sind. Man zeichnet die Umrisse an, schneidet sie aus und wiederholt diesen Arbeitsschritt so oft wie nötig.

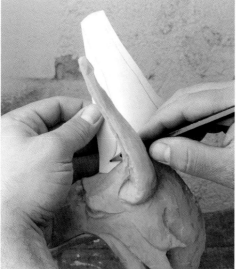

◄ 7. Schließlich entsteht eine zweidimensionale Schablone, aus der sich das Ohr des Drachens formen lässt.

▼ 8. Die einzelnen Phasen, in denen aus einem Blatt durch das Anzeichnen und Zuschneiden schließlich die passende Schablone wird.

▼ 9. Die Umrisse der Schablone überträgt man zwei Mal auf ein Messingblech, woraus dann jeweils ein Ohr gearbeitet wird.

◄ **10.** Nun wird das Ohr des Drachens ausgeschnitten. Zunächst schneidet man die Form großzügig mit einer Hebelblechschere aus und arbeitet sich dann so weit wie möglich an die Umrisslinien heran.

▲ **11.** Man spannt das ausgeschnittene Blech in einen Schraubstock und schneidet nun mit einem Meißel exakt an den vorgezeichneten Linien entlang.

► **12.** Grate werden entfernt und die gewünschte Form mit einer Feile mittlerer Körnung nachgearbeitet.

▼▼ **13.** und **14.** Nun beginnt das Formen des Drachenohres mithilfe des Treibhammers, wobei das Messingblech auf einer Bleiplatte aufliegt. Das Material wird in Form getrieben, indem die Hammerschläge vor allem in den Eckbereichen sorgfältig und gezielt gesetzt werden.

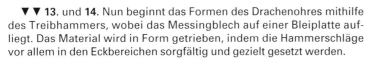

▲ **15.** Für das Formen bedient man sich unterschiedlicher Hämmer, deren Bahn oder Finne die entsprechende Form schaffen kann.

▲ **16.** Einer davon ist dieser kleine Kehlhammer.

◄ **17.** Der Kehlhammer kann mit seinen unterschiedlichen Seiten für verschiedene Bearbeitungsformen genutzt werden (siehe dazu »Umformen«, S. 66).

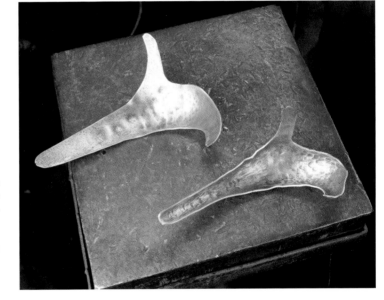

▶ **18.** Nach der ersten Phase des Umformens erhält man ein nach Vorlage modelliertes Messingblech; durch die beim Treiben notwendigen Schläge hat sich das Teilstück jedoch in Längsrichtung stärker gekrümmt als gewünscht.

▲ **19.** Um diese zu starke Krümmung zu korrigieren, schlägt man über einer Bleiplatte auf die Rückseite des Werkstücks.

▲ **20.** Für die endgültige Form bearbeitet man die Längsseiten so, dass sie sich übereinander legen. Ebenso, jedoch spiegelverkehrt, arbeitet man das andere Ohr aus dem zweiten zugeschnittenen Blech.

◄ **21.** Die Schablone für die Augenbrauen fertigt man in der gleichen Weise wie oben beschrieben an.

▲ ▼ **22** und **23.** Man biegt und krümmt das Augenbrauenteil, das an das Ohr anschließen soll, indem man es auf einer Bleiplatte bearbeitet.

▼ **24.** Immer wieder sollte man die neu geschaffenen Messingteile am Plastilinmodell überprüfen.

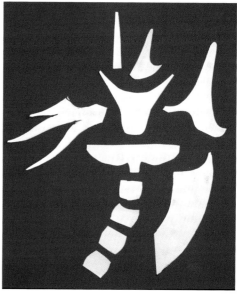

◄ **25.** Zusammenstellung aller für die Fertigung des Drachens verwendeten Schablonen.

► 26. Mit der entsprechenden Schablone arbeitet man das Maul des Drachens.

▼ 27. Die Schablone und das fertige Drachenmaul. Das Messingblech wird ausgehend von der Schablonenform getrieben, bis es der dreidimensionalen Form des Mauls aus Plastilin ähnelt.

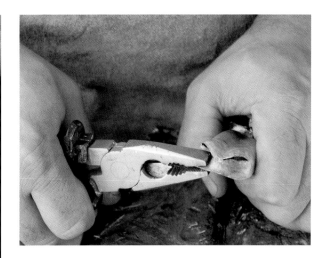

▲ 29. Mit einer Zange biegt man die Nasenlöcher auf.

▲ 28. Für die Nasenlöcher werden am vorderen Ende des Mauls mit einer Bügelsäge zwei Schnitte gesetzt. In den Hohlraum legt man hierbei ein Stück Holz, damit sich das Maul beim Einspannen in den Schraubstock nicht verformt.

► 30. Nun verbindet man die einzelnen geformten Teile durch Hartlöten mit Messinglot. Um die Teile so, wie sie zusammengelötet werden sollen, anordnen zu können, verwendet man Modellierton; die Teile lassen sich leicht in den Ton eindrücken, ohne sich dabei zu verformen.

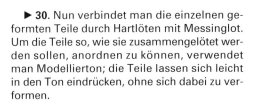

►► 31. Den unteren Teil des Drachenkopfes fertigt man nun auf die gleiche Art an. Vor dem Zusammenfügen des oberen und unteren Teils probiert man die verschiedenen möglichen Varianten der genauen Anordnung aus und entscheidet sich für die, die am besten gefällt.

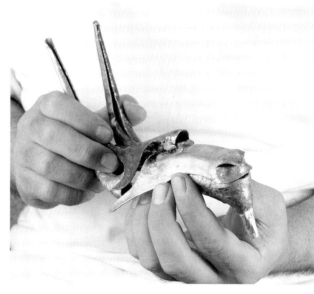

▲ 32. Im nächsten Schritt wird der untere Teil an den oberen Teil des Kopfes gelötet. Auch die mit den entsprechenden Schablonen gefertigten zusätzlichen Teile des Kopfes lötet man nun an.

▲ 33. Unter Nutzung der durch das löten entstandenen Wärme bearbeitet man die zusammengefügten Teile über der Bleiplatte noch mit dem Hammer, damit sie richtig positioniert sind.

► 34. Der Hals des Drachens wird nach dem Löten der einzelnen geformten Kopfteile gefertigt. Mit einer Schraubzwinge wird er gehalten und kann so bequem gelötet werden.

▲ **35.** Um die Teile für das Zusammenlöten größerer Elemente festzuhalten, lassen sich individuell praktikable Lösungen finden.

▲ **36.** Abschließend werden die Lötstellen poliert und mit einem in Wasser und Ammoniak getauchten Schwamm gereinigt. Tragen Sie dabei säureresistente Gummihandschuhe, eine Atemschutzmaske und eine Schutzbrille, um sich vor Säurespritzern zu schützen.

▶ **37.** Der fertige Messingdrache. Er steht stabil auf einer dicken, quadratischen Stahlplatte. Die Verbindung zwischen der Stahlplatte und dem Kopf bildet ein Vierkantstab, der mit Messinglot im Hartlötverfahren auf der Platte befestigt wird.

Glossar

a

Aluminiumoxid Oxid, das sich auf der Oberfläche von Aluminium bei Kontakt mit Sauerstoff aus der Luft oder aus der Gasflasche insbesondere bei hohen Temperaturen bildet.

Anlassen nach dem Härten Verfahren zur Erhöhung der Zähigkeit von gehärtetem Metall durch Wärme, wobei jedoch seine Härte, Stabilität und Elastizitätsgrenze reduziert werden.

b

Borax Natriumtetraborat; beim Schweißen häufig verwendetes Flussmittel.

Brennschneiden Verfahren zum Trennen von Stahl mithilfe einer Flamme, die beim Verbrennen eines Gemischs aus Sauerstoff und einem anderen Gas, meist Acetylen, entsteht.

d

Druckminderer Ventil, mit dem der Überdruck eines Gases in einer Gasflasche oder aus einem Kompressor reduziert und gesteuert werden kann, damit für die Arbeit ein optimaler Druck gewährleistet ist.

e

Entgraten Entfernen kleiner Überstände und Grate an Metallkanten mit Feilen oder Schleifmaschinen.

Erwärmen Das Erwärmen eines Metalls im Feuer des Schmiedeherds.

Erz Teil eines Gesteins mit einem großen Anteil an verwertbarem Metall.

f

Fase Abschrägung um 45° bei einem der beiden Werkstücke, die zusammengeschweißt werden sollen, um Raum für die Schweißraupe zu schaffen.

Feuerverzinkung Zinkschicht über Stahl, um diesen gegen Korrosion an der Luft zu schützen.

Fließvermögen Fähigkeit eines Stoffes, in den flüssigen Zustand überzugehen.

Fluss-, Schmelzmittel Substanzen, die bei manchen Schweißvorgängen zugesetzt werden, um das Schmelzen der Oxide, die sich unter der Hitzeeinwirkung auf einigen Metallen bilden, zu erleichtern.

Frischen Umwandlung des Roheisens in Stahl: Sauerstoff wird eingeblasen, um damit zu hohe Kohlenstoffanteile und unerwünschte Begleitstoffe soweit wie möglich zu entfernen.

h

Heften Erste Verbindung von zwei Werkstücken durch kurze Schweißnähte.

l

Leerlaufspannung Die Spannung auf einer Masseklemme und einem Elektrodenhalter, wenn nicht geschweißt wird.

m

Maßsystem/Metrik System zur Beschreibung der Größe von Gewinden; gemessen wird der Außendurchmesser im Dezimalsystem, in der Regel in Millimetern.

n

Nonius Skala auf dem Schenkel eines Präzisionsmessgeräts, an der sehr kurze Abstände abgelesen werden können.

p

Pantograf / Storchschnabel Gerät, mit dem man Reproduktionen eines Originals im gleichen, kleineren oder größeren Maßstab anfertigen kann.

Profile, handelsübliche Im Handel erhältliche, unterschiedliche Stangen mit verschiedenen Durchmessern und Formen, die industriell aus Rohstahl warmgewalzt oder aus Blechen kaltgewalzt werden.

Punktschweißen Das Verschweißen von zwei Teilen an einem Schweißpunkt.

Pyrometer Temperaturfühler oder Schmelzindikator zum Messen hoher Temperaturen.

r

Roheisen Erstes Produkt, das Vorprodukt zum Eisenguss, das man im Hochofen bei der Reduktion des Eisenminerals erhält.

s

Schlacke Rückstände bei der Verbrennung der Umhüllung des Elektrodenstabes beim Elektrodenschweißen, die das Schmelzbad und die Verschweißung vor Oxidation schützen sollen, sowie Verunreinigungen beim Schmelzen des Eisenminerals.

Schmelzbad Bereich, in dem unter Einwirkung von Wärme das Auftragsmetall und das Grundmetall miteinander verschmelzen und zu einem Material werden, das nach dem Abkühlen die Schweißnaht bildet.

Schmelzen Der Übergang eines Festkörpers in den flüssigen Zustand unter Einwirkung von Hitze.

Schränkung Hierbei sind die Zähne einer Säge wechselweise nach rechts und links gebogen, sodass die Säge besser trennt.

Schweißnaht/Schweißraupe Metallgemisch, mit dem die beiden Metallwerkstücke fest zusammengefügt werden.

Sprödigkeit Zunahme der Widerstandsfähigkeit und der Härte kalt gehämmerter Metalle sowie eine gleichzeitige Abnahme der Plastizität und der Zähigkeit, wodurch sie brüchiger werden.

t

Tiefziehen/Treiben Das Umformen eines ebenen Blechs durch Druck zu einer dreidimensionalen Form, die allein durch das Übertragen von einer Schablone auf das Blech nicht entwickelt bzw. geschaffen werden könnte.

v

Verflüchtigung Vorgang, bei dem feste oder flüssige Substanzen bei Umgebungstemperatur als Gas oder Dampf entweichen.

w

Walzen Vorgang, bei dem ein Material unter hohem Druck zwischen zwei Walzen durchgeführt wird, die sich mit gleicher Geschwindigkeit in gegensätzlicher Richtung drehen, um die Höhe des Materials zu verringern.

Weißblech Dünnes Blech aus Kohlenstoffstahl mit einer dünnen Schutzbeschichtung aus Zinn.

z

Zug Eine ziehende Last an einem Werkstück.

Bibliografie

und Danksagungen

Aichele, Günter: *125 Arbeitsregeln für das Schutzgasschweißen*, Leitfaden für Ausbildung und Praxis, Deutscher Verlag für Schweißtechnik DVS, Düsseldorf 1999

Aichele, Günter: *Ratgeber Schweißtechnik*, Deutscher Verlag für Schweißtechnik DVS, Düsseldorf 1997

Baum, Ludwig / Fichter, Volkmar: *Der Schutzgasschweißer / Teil 1, WIG-Schweißen / Plasmaschweißen*, Deutscher Verlag für Schweißtechnik DVS, Düsseldorf

Baum, Ludwig / Fichter, Volkmar: *Der Schutzgasschweißer / Teil 2, MIG / MAG-Schweißen*, Deutscher Verlag für Schweißtechnik DVS, Düsseldorf 1999

Bergland, Håvard: *Die Kunst des Schmiedens*, Das große Lehrbuch der traditionellen Technik, Wieland Verlag, Bruckmühl 2004

Clérin, Philippe: *Die Stahlplastik*, Ein Theorie- und Anleitungsbuch zum plastischen Arbeiten mit Metall, Haupt Verlag, Bern/Stuttgart/Wien 1995

Enander, Lars / Norén, Karl G.: *Schmieden lernen*, Verlag Th. Schäfer, Hannover 2003

Herold, Horst / Wodara, Johannes: *Lexikon der Schweißtechnik*, Schweißen, Schneiden und verwandte Verfahren, Deutscher Verlag für Schweißtechnik DVS, Düsseldorf 1994

Lauinger, Martina: *Alles Schrott?* Ein Werkbuch zum Gestalten mit Altmetall, Haupt Verlag, Bern/Stuttgart/Wien 2002

Lohrmann, Gert: *Kleine Werkstoffkunde für das Schweißen von Stahl und Eisen*, Deutscher Verlag für Schweißtechnik DVS, Düsseldorf 1996

Marfels, Wilfried: *Der Lichtbogenschweißer*, Deutscher Verlag für Schweißtechnik DVS, Düsseldorf 1997

Puschner, Manfred: *5 Jahrtausende Schweißen*, Eine Frühgeschichte der Schweißtechnik, Deutscher Verlag für Schweißtechnik DVS, Düsseldorf 1986

Rellensmann, Karl H.: *Moderne Schweiß- und Schneidtechnik*, Ein Lehrbuch für Ausbildung und Fertigung, Verlag Handwerk und Technik, Hamburg 1993

Schuster, Hans: *Schmieden und Schweißen*, Verlag Ernst Heyer, Essen 1997

Mein Dank gilt Parramón Ediciones, S.A.; dort hatte man die Idee, eine so wichtige Buchreihe über verschiedene Kunsthandwerke und deren Techniken herauszugeben. Ganz herzlich danke ich den Herausgebern María Fernanda Canal und Tomàs Ubach für ihr großes Vertrauen in meine Arbeit; ebenso danke ich allen Mitarbeitern von Parramón für ihre Unterstützung.

An die Bildhauerin Matilde Grau, die an mich glaubte, mir den Mut zum Schreiben dieses Buches gab und ihr Lächeln auf den Lippen nie verlor, sowie an Carles Codina, der den Kontakt zu Parramón Ediciones herstellte.

An Joan Soto, natürlich, für seine wunderbaren Ideen, seine große Erfahrung und das Vertrauen, für seine Hilfe – für so vieles einfach!

An Antonio Rodríguez von Soldabarna, S.A., für all seine Hilfe, das Bereitstellen von Material und seine angenehme Präsenz.

An Justo Lebrero Estadella, von Justo Estadella, für die Bereitstellung von Dokumenten und seine Erfahrung, die in den Abschnitt über verschiedene Formen der Patina einfloss, sowie an Philippa Beveridge für ihre Hilfe bei der Herstellung des Eisentischs.

An Enric Rosàs und an Industrial Llobera, S.A., die durch ihre Fachkenntnisse über Beizmittel, Stahlwolle, Auftragsmetall, Flaschen für Industriegase und viele andere Dinge einen wichtigen Beitrag leisteten.

An Josep Cerdà und an Josep Roy, Dekan und stellvertretender Dekan der Fakultät für Schöne Künste der Universitat de Barcelona, für die Erlaubnis, Räume der Fakultät für die Anfertigung einiger Fotografien zu nutzen.

An Martí Rosàs und an Mari Hernández vom Restaurant Ca la Maria in Llagostera (Girona), die mir gestatteten, einige Ecken ihres Landhauses für das Gartentor aus dem Kapitel »Schritt für Schritt« zu verändern, und mich kulinarisch verwöhnten.

An Ester Rosàs und an Javier Ares, die immer da waren, wenn ich sie brauchte.

An Jordi Sánchez, Meister der Gravierwerkstatt der Universität de Barcelona, für seine Bereitschaft und sein Kämpferherz.

An Rafael Cuartielles, Meister der Werkstatt für Metallbearbeitung und Kunsthandwerk, für seine fundierten Kenntnisse, seine lehrreichen Hilfen zum Thema Metallbearbeitung und seine großartige Fähigkeit, sein Gegenüber in die Poesie der Objekte einzuführen – welch unvergessliche Momente!

An die Bildhauer Jordi Torras, Gemma López, Marta Martínez, Beth Fornas, Nerea Aixàs, Josep Cerdà und Matilde Grau, die mir, ohne zu zögern, gestatteten, das gesamte Buch mit Bildern ihrer Werke zu bereichern.

An Clavelina Río und an José Ares, meine Eltern, die mich in meinen Entscheidungen immer unterstützten und so oft auf meine Tochter aufpassten.

An Marta Rosàs, mein Vorbild, und an unsere Tochter für alle Tage und Nächte und die viele Geduld und all die Hilfe – mögt ihr immer so glücklich sein wie jetzt!

Ihnen allen gilt mein tief empfundener Dank.

Ares

Parramón Ediciones, S.A., möchte seinerseits dem Museu Cau Ferrat in Sitges für die Fotoserie von Pablo Gargallo im Kapitel »Galerie« danken.